CHICAGO PUBLIC LIBRARY
PORTAGE-CRAGIN BRANCH
5108 W. BELMONT AVE

NIÑOS EN EL CRIMEN

Julio Scherer García

Niños en el crimen

Grijalbo

Niños en el crimen

Primera edición: octubre, 2013

D. R. © 2013, Julio Scherer García

D. R. © 2013, derechos de edición mundiales en lengua castellana:
    Random House Mondadori, S. A. de C. V.
    Av. Homero núm. 544, colonia Chapultepec Morales,
    Delegación Miguel Hidalgo, C.P. 11570, México, D.F.

www.megustaleer.com.mx

Comentarios sobre la edición y el contenido de este libro a:
megustaleer@rhmx.com.mx

Queda rigurosamente prohibida, sin autorización escrita de los titulares del *copyright*, bajo las sanciones establecidas por las leyes, la reproducción total o parcial de esta obra por cualquier medio o procedimiento, comprendidos la reprografía, el tratamiento informático, así como la distribución de ejemplares de la misma mediante alquiler o préstamo públicos.

ISBN 978-607-311-893-4

Impreso en México / *Printed in Mexico*

Puede haber un domingo blanco en el país. El dato poco importa. Seguirán los lunes, los martes, los miércoles, los jueves, los viernes, los sábados rojos. La criminalidad puede ascender o descender. Tampoco importa. La delincuencia persiste y un sentimiento de inseguridad prevalece en la nación. "Estamos hasta la madre", fue un grito que penetró en la sociedad.

Después de padecer la dictadura priísta, presidentes de Miguel Alemán a Ernesto Zedillo, de los que no se hizo un solo estadista, al país le esperaba la época más aciaga: el ascenso al poder de Acción Nacional.

Vicente Fox trasladó el manicomio a Los Pinos y Felipe Calderón instauró su propio camposanto en el vasto espacio del bosque de México, Chapultepec. Ambos culminaron la actual tragedia de la República: generaciones devastadas, quebrado el presente, oscuro el porvenir.

A través de testimonios grabados y de la lectura de documentos que llegaron a mis manos, pude constatar de qué manera el abandono ha llevado a los adolescentes a la tragedia de la drogadicción, el alcoholismo, el robo, el secuestro, el crimen. La corrupción sigue apoderada del país y la Constitución de la República de poco ha servido para proteger a los menores.

De acuerdo con el Consejo Nacional de Evaluación de la Política de Desarrollo Social (Coneval) y el Fondo de las Naciones Unidas para la Infancia (Unicef), 21.4 millones de niños y adolescentes mexicanos viven en la pobreza, de los cuales más de 2.5 millones padecen el *shock* de la miseria.[1]

De la miseria escapa a lo más un 2% de sus víctimas, pero de la pobreza se evaden muchos para sumarse a pandillas que los hacen fuertes para caer más tarde en el crimen organizado: siembran amapola, se instrumentan como correos hormiga de la droga, se preparan como coadyuvantes del secuestro y matan...

El premio Nobel de economía, Amartya Sen, ilustre en la materia, sostiene que a la pobreza sólo la podemos entender cuando la concebimos como una de las formas que niegan la libertad. Considera que las personas que la padecen desconocen sus capacidades y quedan a merced de otros. El Nobel piensa que la

---

[1] *Pobreza y derechos sociales de niñas, niños y adolescentes en México 2008-2010,* Coneval y Unicef México (págs. 31 y 33).
De acuerdo con el estudio "La medición de la pobreza en México *y las entidades federativas 2012*" presentado por el Coneval el 29 de julio de 2013, la población en condiciones de pobreza en 2010 era de 52.8 millones de mexicanos, cifra que en 2012 ascendió a 53.3 millones.

pobreza no consiste en la falta de riqueza o de ingreso, sino en una incapacidad propia para vivir.²

La miseria va más hondo: anula la reflexión del que la padece. En su círculo sólo hay un imperativo: alimentarse.

Al mensaje en boga del presidente Enrique Peña Nieto le falta la palabra sustantiva que le dé forma: al "hambre cero" habría que añadir "alimentación diez", "salud diez", "educación diez", "vivienda diez". A los niños y a los adolescentes, a los que se mira en el juego y en la risa, habría que decir: "esparcimiento diez".

Decía José Saramago que la pobreza reduce el lenguaje hasta limitarlo a lugares comunes, albures, interjecciones. Escribió el premio Nobel de literatura portugués: "Si se olvida la palabra *amor*, llegará el día en que no se sabrá su significado".

---

² Amartya Sen ha contribuido a la economía del bienestar, a la teoría de la elección social, a la justicia económica y social, a las teorías económicas de las hambrunas, y a los índices de la medida del bienestar de los ciudadanos de los países en desarrollo. Fue galardonado con el premio Nobel de economía en 1998.

La aportación del economista y filósofo indio fue adoptada por el Programa de las Naciones Unidas para el Desarrollo (PNUD) para ampliar su noción de pobreza, la cual incorpora diversos conceptos de la vida social y humana que van más allá de las necesidades fisiológicas, como el conocimiento, la información, los derechos individuales, y otros valores culturales y personales. En este sentido, es una concepción de la pobreza basada en la privación o la exclusión social.

Juan Luis González Alcántara y Raúl Carrancá y Rivas, reconocidos penalistas, afirman que el Código Penal ya abarca espacios propios de las normas civiles. En éstas no caben muchos de los delitos cometidos por los menores. Prematuramente avezados en el delito, matan con saña y acuchillan hasta adormecerse.

Tanto a González Alcántara como a Carrancá y Rivas les resulta imposible olvidar a Édgar Jiménez Lugo, *El Ponchis*.

El menor fue detenido a los 14 años de edad, y al cumplir 18, podría recobrar la libertad en los términos vigentes del Código Civil. Pero las cláusulas del código ya fueron rebasadas por la realidad. Al *Ponchis* le espera un futuro aciago, considerado como un delincuente de altísima peligrosidad. Los abogados se preguntan qué hacer con *El Ponchis* y con muchos como él: condenarlo a una cárcel de máxima seguridad, mezclado con el hampa vieja; crear para él una prisión sui géneris —estancia, como ya la llaman algunos—; remitirlo para siempre a un establecimiento psiquiátrico con una rehabilitación problemática, o simplemente condenarlo a la vida de los zombis. En un país empobrecido como el nuestro, pesada como un plomo la burocracia, y sin los ingresos suficientes por el déficit fiscal que padece el régimen, no se ve solución sino a un plazo de muchos años, siempre y cuando se sostenga un paso difícil de imaginar.

La vida en el país, expresan también los penalistas, se ha complicado sobremanera. A la sociedad la invaden la corrupción y el crimen organizado. Habría que trabajar por una nación distinta que se recobrara a sí misma en sus necesidades básicas, pero también en la justicia y en su concepto paralelo: la equidad.

En la confusión de un país que no encuentra su camino, la presencia de una generación que ya no se anuncia, porque de hecho existe en su vida cotidiana, habrá que esclarecer puntos del derecho, ya anacrónicos.

Por ejemplo, de acuerdo con la Ley de Justicia para Adolescentes del Distrito Federal, se entiende por menores a las personas cuya edad se encuentra comprendida entre los 12 años cumplidos y los 18 menos un día. Empero, la ley no menciona a los niños asesinos, de menos de 12 años. Ya no caben en las leyes civiles, ni tampoco en las penales, pero tienen un lugar en el país.

El Ponchis

Édgar Jiménez Lugo, alias *El Ponchis*, creció en la calle desde una edad muy temprana. No tuvo otra orientación más que la proporcionada por amigos mayores que él, quienes lo enseñaron a cometer delitos. Después, fue entrenado por miembros del Cártel del Pacífico Sur.

Édgar nació en San Diego, California en el seno de una familia integrada por los padres y seis hijos: Mirna, Érika, Olivia, Elizabeth, David y él. Este grupo era disfuncional y poseía características delictivas. El progenitor, David Antonio Jiménez Solís, se dedicaba a la matanza y comercialización de pollos, mientras que la señora, Yolanda Lugo Jiménez, era narcomenudista.

Un año después del nacimiento de Édgar, el menor de los seis hijos, Yolanda y David fueron detenidos por fuerzas federales de Estados Unidos. En aquella ocasión se declararon culpables por posesión de cocaína con fines de lucro y fueron sentenciados a 90 días de reclusión y a tres años de libertad condicional.

La pareja también estuvo bajo investigación por maltrato a sus hijos y por los escándalos vecinales que ocasionaban sus constantes riñas. Ante la eventualidad de que llegaran a convertirse algún día en ciudadanos estadounidenses, fueron deportados por no contar con sus visas.

Tiempo después del exilio, Yolanda regresó a Estados Unidos. Años más tarde reincidió en la posesión y venta de estupefacientes. Fue arrestada en el barrio de Logan, en San Diego, California.

Como consecuencia de este arresto, el caso de los muchachos fue llevado a litigio. Por violencia intrafamiliar y actividades criminales de los esposos Jiménez Lugo, la corte federal de Estados Unidos otorgó la tutela de Édgar y sus cinco hermanos a la abuela paterna, Carmen Solís Gil, quien estableció su residencia en Xochitepec, Morelos.

Ahí sobrevivió la familia gracias a la pensión alimenticia que el gobierno estadounidense había otorgado a los niños en razón de su ciudadanía. La rutina se vio interrumpida con la muerte de la abuela, cuando Édgar contaba apenas con ocho años de edad. A partir de ese momento, los cinco hermanos fueron adoptados por distintos tíos paternos: Margarita, Mauricio y René. A Édgar le tocó mudarse con su tía María Teresa Jiménez Solís, madre soltera originaria del Distrito Federal, dedicada al servicio doméstico.

El Ponchis, apodado así por ser chaparrito y regordete, de aspecto inofensivo, refiere haberse iniciado en el consumo de tóxicos a los 11 años de edad. Fumaba 10 cigarrillos diariamente; realizó la transición a la mariguana al llegar a los 12, cuatro churros de sol a sol. A esta edad empezó a embriagarse con cerveza, una o dos para acompañar a los cigarros. A los 14 años optó por la cocaína, una línea semanal, y 20 piedras por día para satisfacer su adicción.

La ficha delictiva del joven contiene datos sucintos de su biografía: *El Ponchis* nació el 6 de diciembre de 1996, en San Diego, California. Es casi analfabeta a pesar de haber completado el segundo año de educación primaria. Antes de su detención vivió en la calle

Tepozteco número 30, de la colonia Vicente Guerrero, Ampliación Tejalpa, Morelos.

Los ilícitos por los que fue sentenciado Édgar Jiménez Lugo son: delitos contra la salud en su modalidad de transportación de cocaína y mariguana; posesión de arma de fuego de uso exclusivo del ejército, armada y fuerza aérea; violación a la Ley Federal contra la Delincuencia Organizada con fines de secuestro, y homicidio doloso. La medida de seguridad que le fue impuesta: tres años a partir del 3 de diciembre de 2010.

Eventos delictivos: descuartizó a cuatro personas, asesinó a otras dos y decapitó a cuatro más; luego las tiró, en compañía de sus cómplices, por el rumbo de la carretera México-Acapulco. Dejaban mensajes sobre algunos cadáveres.

También fue acusado de secuestrar y trasladar a sus víctimas a una casa de seguridad del cártel, donde las desnudaban, colocaban sogas alrededor de sus cuellos y los paraban sobre botes de plástico. Antes de matarlos, eran torturados anudando palos en los lazos que rodeaban sus cuellos, a los que hacían girar hasta estrangularlos. Posteriormente les cortaban la cabeza auxiliados con seguetas. Para este último menester, Édgar era el experto. A dos personas las decapitó aún vivas.

El Ponchis consumía mariguana antes de cada levantón para desestresarse, según sus propias palabras. "Al principio sentía feo. Luego ya no."

A los 14 años de edad, acusado de degollar a los adversarios del cártel de los Beltrán Leyva en Morelos, *El Ponchis* fue detenido por soldados de la vigesimocuarta zona militar en el aeropuerto estatal Mariano Matamoros, a 17 kilómetros al sur de la capital morelense.

Su propósito era volar a Tijuana y luego trasladarse a San Diego donde visitaría a su madre. *El Ponchis* confesó haber degollado y desmembrado a las cuatro personas que aparecieron colgadas en un puente vial de la autopista Cuernavaca-Morelos.

El 3 de diciembre de 2010, el menor fue detenido antes de emprender su viaje. Iba acompañado por dos de sus hermanas, pero sólo Elizabeth, de 19 años de edad —a quien el ejército la considera como líder de Las Chabelas— viajaría con él. Este grupo se encargaba de trasladar en camionetas los cadáveres ejecutados para aventarlos a orillas de la carretera.

Dijo no tener miedo y saber lo que iba a pasarle. Declaró también que obedecía las órdenes de *El Negro*, Julio de Jesús Radilla Hernández, pareja sentimental de su hermana Érica, presunto jefe del Cártel del Pacífico Sur, quien ordenó, a su vez, el asesinato de más de 20 personas en Morelos. Entre ellos se encontraba el hijo de Javier Sicilia, Juan Francisco Sicilia Ortega.

"Sólo me drogaba con mota y no sabía lo que hacía", explica el menor, quien recibía como pago 2 500 dólares por degollar a los rivales del Cártel del Pacífico Sur.

En el diagnóstico clínico criminológico practicado al *Ponchis*, firmado por el subdirector técnico Lázaro Antonio Hernández Arroyo, queda clara la indiferencia del adolescente por el daño físico causado a otras personas, así como su crueldad, su afición por amenazar e intimidar, y su personalidad altamente criminógena.

El Ponchis es clínicamente sano, carece de disposición para modificar sus valores y muestra un gran desinterés por los sentimientos ajenos; no se sujeta a reglas sociales, muestra descontento y agresividad, y manipula a los demás en su beneficio.

Su pronóstico es desfavorable, pues es probable que una vez en libertad se integre a bandas delictivas importantes y su grado de peligrosidad se eleve considerablemente.

Édgar Jiménez Lugo ingresó al Centro Correccional de San Fernando el 10 de diciembre de 2010.

***

Ya se puede hablar de niños asesinos, menores de 12 años que tienen la fuerza suficiente para sostener un arma y disparar con la sangre fría de un adulto. Informes que he tenido a la vista detallan casos flagrantes de este fenómeno. Desde siempre se ha unido la imagen de un niño con una pelota y el juego, ahora ya es posible unir esa imagen con un arma mortal.

Alguna vez escuché decir a don Carlos Quijano que no estaría lejano el tiempo en que el crimen llegaría a la infancia. Él sabía de eso. Dedicó su vida a la lucha contra los horrores de la tiranía en Uruguay y después vivió asilado en México. Ante propios y extraños, me llamaba su mujer "amigo mexicano". Hablaba, siempre prudente, del declinar de la vida en el país. "México es lo último que queda en Latinoamérica", era una de sus frases. Es el territorio de los exiliados del continente. Habría que cuidarlo.

Los niños criminales son una realidad hoy difícil de ocultar. Sus delitos se dan por el hambre, los harapos, la mugre y el frío; hurtos cometidos en solitario o en pandillas. Asesinan sin noción del significado de la muerte, y matan en la conciencia de la vida. Ante los expedientes que leo, la pregunta cobra sus derechos: ¿qué oculta el alma del niño asesino?

Pienso simplemente que la realidad se obstina en la zozobra y constato los rostros sin fin, la cadena de sus secuestros y los crímenes a los que se entregan los adolescentes. Crece el sadismo entre los muchachos que torturan.

Visité la Comunidad de Tratamientos Especiales para Adolescentes de San Fernando y conversé con algunos internos. Su lenguaje es ínfimo y expresan la libertad en términos imprecisos. Volver a lo de antes es su propósito confeso. Entre ellos, en prisión, hay insignias: sobre el hombro, unas rayas negras identifican su rango. Los generales mandan, los soldados obedecen. Forman un cuerpo y la fidelidad es propia de los hábitos que transcurren sin desmanes. Juegan al basquet, a la *cascarita* de futbol, deambulan. No hay signos de rehabilitación para ellos en el exterior y en el interior cada quien goza y sobrelleva sus paraísos y sus infiernos.

El trance que padecieron en la sociedad se manifestó entre ellos en el narcisismo y la imposición de sus caprichos. Poco a poco se habían convertido en tutores de sus padres. Desposeídos de autoridad, su voz se esfumó. Además, el dinero se transformó en signo del éxito y felicidad.

En su crisis se ha negado el trabajo y el ahorro. La compasión ha sido borrada de su lenguaje habitual. Priva entre ellos el individualismo y la búsqueda del placer.

San Fernando

El origen de la actual Comunidad de Tratamiento Especializado para Adolescentes [CTEA] se remonta a 1908, año en que nació la escuela correccional para menores.

La correccional, ubicada en la avenida San Fernando, en Tlalpan, se levantaba sobre una superficie de 4 000 metros cuadrados, la mayor parte dedicada al cultivo de plantas y legumbres.

La zona era pobre. Las fábricas y los talleres restringían cada vez más el acceso a los menores hambrientos y con necesidad de un trabajo; las escuelas públicas rebosaban de alumnos, y en las instituciones de beneficencia el espacio se encogía. Además, la intranquilidad asomaba a las calles.

Menudeaban las madres y los padres que acusaban a sus hijos por mala conducta y los presentaban ante el Tribunal Tutelar. Era la manera que encontraban para que la correccional acogiera a sus vástagos. Ahí tendrían asegurada la comida y dispondrían de ropa, asistencia médica, educación.

Sin embargo, al ingresar a la correccional, los niños y los adolescentes se adentraban en la perturbadora penumbra de la cárcel. En el encierro, las autoridades se esforzaban en corregir las desviaciones de los internos mediante una disciplina que era un remedo de la militar y con castigos que llegaban a la humillación. En la vida cotidiana figuraba el principio de la rehabilitación y la enseñanza de algún oficio que permitiera al menor, luego de abandonar la prisión, reencontrarse con la vida.

No obstante, en la correccional no sorprendían las vejaciones y los golpes que sangraban a los internos.

Poco a poco se esparcieron, más allá de los muros de la prisión, los rumores acerca de los tenebrosos días en "la Corre".

A mediados de los años treinta ya era posible leer en los periódicos denuncias acerca de la corrupción de menores en el interior de los centros creados para su rehabilitación. Dejó de ser un secreto que los niños se iniciaban en hábitos homosexuales y que muchos se resistían a su práctica. La rebeldía terminaba en golpizas. En el encierro era visible el declive de la moral colectiva y el paulatino desprecio por la ley. Se multiplicaban los robos, los abusos, los asaltos cometidos por adolescentes con los dedos aún ríspidos en la temprana edad del delito.

El maestro Manuel Velázquez, promotor de la escuela correccional, creía en la rehabilitación de los niños y los adolescentes. Advertía, no obstante, de ciertos inconvenientes sexuales, propios de cada vida que transcurre en el hacinamiento, la reclusión y la pobreza.

Visité la Comunidad de Tratamiento Especializado para Adolescentes el 3 de junio de 2013, en compañía de Hazael Ruiz (director general de Tratamiento para Adolescentes), Jorge Apáez (director de la institución) y Julio Scherer Ibarra. El recorrido fue tranquilo, sin escoltas. Casi un paseo. No obstante, desde el primer momento el lugar impuso su carácter sombrío.

Cuatro policías con fusiles largos apretados en sus manos derechas tenían bajo su responsabilidad el acceso a la comunidad. Un cuadrángulo sombrío. Los uniformados apenas despegaron los labios a un ritual saludo matutino.

El sitio se abre a amplios patios. Se notan limpios, aun impecables. Pero los pisos están agrietados, algunas piedras fuera de lugar. Las paredes, cuarteadas, hablan de falta de mantenimiento en la "cárcel benigna". Hay un espacio reservado para un cuadrado de pasto fresco, y al fondo se impone la fealdad de murales primitivos.

Durante el recorrido observo a algunos adolescentes. Se mantienen en grupos de ocho o 10, silenciosos. En su quieta soledad, sólo dos juegan frontón a mano. A nuestro paso, los jóvenes responden con una inclinación de cabeza y sonríen con dificultad. En sus rostros es patente el síndrome del encierro, la depresión.

No sabría de qué manera transmitir el sentimiento que me despertaron. Sentí su depresión, pero no como un dolor. Es la suya una forma de quietud, una *no vida*, como si sus ojos ya hubieran mirado todo lo que habría que mirar. Su hastío me pareció una forma de muerte.

En este lugar las puertas de hierro se suceden a las puertas de hierro, las cadenas a las cadenas, los cerrojos a los cerrojos. Hace temblar al estrépito que causan al entrar en operación. Hay dos portones inmensos, infranqueables cuando quedan cerradas sus dos alas. Los muros, altos, aparecen coronados por los rollos de alambre cilíndrico y las puntas de hierro. Los grupos de policías, como los de la entrada, de cuatro en cuatro, aparecen de trecho en trecho.

Todo está en orden, sin sobresaltos. Funciona la cocina, funcionan los dormitorios, funcionan las literas con sus sábanas limpias y sus cobijas, funcionan las pequeñas zonas de recreo, funciona la enfermería para primeros auxilios, funcionan los espacios para la cascarita futbolera y el básquet, funciona una pequeña biblioteca, funciona un teatro diminuto, alineadas las sillas frente a una tarima donde se presentan pequeñas orquestas y algunos actores del Consejo Nacional para la Cultura y las Artes (Conaculta).

Impera el orden, la limpieza, pero también el sopor, un olor a sustancias descompuestas, adrenalina sin salida, sudor sin agua, alguna descomposición orgánica en el pequeño gueto de estos adolescentes.

En el comedor principal, un mural se extiende de un extremo a otro de la pared. Es un espacio enorme para pasar un tiempo relajado en compañía de los 200 internos que allí desayunan, comen y meriendan.

Los muebles son de madera rústica, rectos el respaldo y el asiento. Las mesas y las sillas están pintadas de colores fuertes, sobre todo rojos y amarillos: colores calientes.

El mural muestra en uno de sus extremos a un adolescente que traga fuego. En la llama que expande están retratados muchos internos. En la parte central de la pintura se observa una mesa cubierta con un mantel blanco. Los adolescentes la conocen como *La última cena*. En el nombre no existe alusión bíblica alguna, Jesús reunido con sus apóstoles. La última cena de los internos alude a los compañeros de presidio que pronto volverán a ser libres.

En su oficina, el director Jorge Apáez explica el funcionamiento del lugar. Su lenguaje tiene un ritmo sin elocuencia, pero es sencillo y claro. Nos muestra cuadros sinópticos, estadísticas, datos acerca de la superación obligada de los adolescentes cercanos a los 18 años de edad y de los que apenas rebasan los 12. Todo en orden, pero opaco y pesaroso el contorno. Yo asociaba su descripción con un reloj que se compra por unos cuantos pesos y cuyo minutero camina con dificultad, pero al llegar a la hora, la manecilla es puntual.

Yo dije en la reunión que no dudaba de la sinceridad del director y de la defensa honrada que hacía de la institución. Pero no podía admitir fácilmente que en ese lugar pudieran llevarse a cabo tareas de rehabilitación para los adolescentes infractores. La precariedad del sitio da un primer golpe de vista. En seguida es perceptible el abandono por la vida que se quiere vivir, la que se planea. Más allá de todo esto, este sitio es en sí mismo un signo de la enfermedad que padece el país. Ahí, en el interior del reclusorio, no habría manera de encontrar internos provenientes de las clases adineradas o del gremio de los políticos con poder. Los internos podrían calificarse como segundas voces apenas audibles. Los internos del centro no tuvieron un padre o una madre con presencia ante los tribunales, algún abogado que tomara como propia su causa o una familia que los auxiliara en la búsqueda de un futuro sólido. Cayeron en el vacío del desinterés.

Los delincuentes de San Fernando viven la democracia al revés: son seres rezagados, sin la atención de los de arriba, los de las casas, los coches, los colegios, las diversiones y la tele hasta la madrugada.

El licenciado Hazael Ruiz, director general de cinco centros de rehabilitación para niños y adolescentes en el Distrito Federal, confía en el pequeño fruto del trabajo cotidiano. No se hace ilusiones acerca de un trabajo con grandes resultados. En cuanto no sean cerradas las puertas de las cárceles a los adinerados e influyentes, y con ellos a sus familiares y a sus amigos, y en tanto las prisiones sean sólo para los abandonados, nada importante se verá en el horizonte brumoso de la República.

En la oficina del director del centro también dije que la mitad de los mexicanos son pobres, muchos miserables, y que en sus hogares prevalece la indiferencia. El problema se ahonda por la incorporación de las mujeres al mercado de trabajo. En el caso de los niños y los adolescentes que delinquen, llevan en la piel la marca del abandono. Su tránsito por la calle acucia su hambre y abre el escenario a la drogadicción, al alcohol, a la sexualidad irresponsable, al robo, a la declinación, a la delincuencia.

En un pequeño y estrujante libro, *La crisis inacabada,* David Ibarra, el sabio economista a quien nadie podría calificar de catastrofista, habla del "hombre superfluo", fenómeno que crece en nuestro país. Se refiere al individuo que no tiene trabajo ni manera de obtenerlo, al que sólo tiene necesidades, pero no la forma de satisfacerlas. Son los hombres superfluos, los que están de más, los prescindibles.

En su trabajo, Ibarra añade un calificativo a la palabra *superfluo*. Se vale del término *residual,* los residuos, los desechables. Entre ellos habría que incluir a muchos *ninis*.

Pensé fugazmente en pedir una entrevista con Hazael Ruiz. ¿Para qué?, me dije. Penitenciarista arraigado en su trabajo, resistente a la frustración como todos los de su especie, conocedor del sistema carcelario de arriba abajo, caeríamos en el vacío de la obviedad.

La rehabilitación en los centros carcelarios es un sueño que se aleja de la realidad. Una utopía. No obstante, para aproximarnos a las condiciones mínimas que se necesitan para elevar el nivel de los centros de reclusión, concluimos que haría falta dinero, dinero y más dinero, y honestidad, honestidad y más honestidad. Dinero no hay, como sabemos. Y en cuanto a la honestidad, persisten en el país los signos de la corrupción y de su hermanastra: la impunidad.

En concreto, qué hace falta para que en las prisiones se cumpla la razón de su existencia, esto es, la rehabilitación de los internos, su reinserción a la sociedad: talleres y trabajo; proscripción del ocio; relación humana entre los presos y sus familiares; espacio para la coexistencia entre los internos, cada uno con una pequeña zona de libertad; custodios razonablemente pagados y no expuestos a la corrupción en el interior de la cárcel y en el exterior, dada la multiplicación de las mafias adentro y afuera. Además, el esparcimiento, sin el cual la vida es tedio, y el tedio, aniquilamiento de la personalidad; estímulos y distracción para los presos; películas, obras de teatro, lecturas, estudios; maestros de tiempo razonable, y comida digna.

Hazael recuerda la época del presidente Carlos Salinas de Gortari con la inauguración de los reclusorios de máxima seguridad del país: Almoloya, Puente Grande y Matamoros. La vida en el interior de las cárceles sería muy dura, más que la militar; se alentaría la humillación y los internos padecerían las consecuencias de sus actos. Al mismo tiempo, los potenciales criminales sabrían a lo que se verían expuestos si se asociaban con el crimen organizado, si desafiaban al poder y a las bayonetas, si expandían la droga.

Habló Hazael Ruiz del hombre que ideó el nuevo modelo de cárceles: Juan Pablo de Tavira y Noriega, un conocedor de la materia, dotado de un carácter sin titubeos. No se tocaría el corazón para aplicar el absoluto rigor de la ley, pero no se trataba de un sujeto sin escrúpulos. Hazael no compartía sus puntos de vista, pero lo respetaba.

Juan Pablo de Tavira sufrió un atentado en diciembre de 1994. Aseguró que habían intentado intoxicarlo con monóxido de carbono, aunque algunas versiones hablaron de un intento de suicidio. La Procuraduría General de la República (PGR) abrió una investigación y las sospechas apuntaron al jefe de escoltas, Alberto de Jesús Castillo de la Riva, comandante de la Policía Judicial Federal (PJF).

El 3 de mayo de 1995, el juez tercero de distrito en procesos penales de Toluca, Diógenes Cruz Figueroa, absolvió al comandante de cualquier responsabilidad en el incidente y negó que hubiera una orden de aprehensión en su contra. El expediente fue devuelto a la PGR y no se volvió a apelar el caso.

Desde el día del atentado, De Tavira cambió. Sus valores se vieron trastocados y poco a poco las celdas de las cárceles de máxima seguridad fueron vistas con terror. Llegó a extremos que rozaron lo pueril. Una ocasión jugaba ajedrez con uno de los internos. A los contendientes les atraía el pasatiempo de la inteligencia. El director perdió la partida. Vuelto un energúmeno, arrojó la mesa de juego contra su adversario. Gritó y manoteó. Su reacción pudo corresponder a un cuadro clínico: la locura.

Converso con Hazael acerca de las nuevas cárceles de alta seguridad que construirá el gobierno. En el proyecto, el penitenciarista avizora una advertencia más a los criminales potenciales y activos que se multiplican en la República. Se construirán las rejas con acero, como advertencia definitiva. Sabrán los delincuentes que si entran ahí, infranqueables los muros carcelarios, ahí se quedarán o de ahí saldrán con tics paranoicos, gestos nerviosos, terrores nocturnos; con deterioro psicológico y psiquiátrico y con algunas neuronas muertas o fuera de lugar.

A lo largo del sexenio de Enrique Peña Nieto, la Comisión Nacional de Seguridad (CNS) construirá otras 10 prisiones de máxima seguridad con recursos de la iniciativa privada. Según un artículo de Rodrigo Vera, publicado en *Proceso* el 12 de mayo de 2013, los señores del dinero en México ya metieron las manos en un negocio que hasta hace poco les era ajeno: las cárceles.

Empresarios como Carlos Slim, Olegario Vázquez Raña y las familias Hank y Quintana construyen prisiones gracias a que en el sexenio pasado Genaro García Luna, entonces secretario de Seguridad Pública, les abrió la puerta a ese esquema, copiado de Estados Unidos. Pero voces disidentes alertan: privatizar el sistema penitenciario es darle paso al crimen organizado para que lo controle, ahora sí formalmente.

Frente a las nuevas cárceles, nada pregunto a Hazael. Creo que lo he ido conociendo. Me atrevería, incluso, a anticipar su respuesta. Haría falta imaginar, pensar seriamente, la manera de "ir soltando" a muchos presos injustamente privados de su libertad, con frecuencia por el abandono en que se hallan.

Hazael habla de su obsesión, de sus sueños y ensueños: haría falta reconstruir el país y amarlo sin amargura.

Fui una persona cercana al doctor Alfonso Quiroz Cuarón, reconocido como el padre de la criminología moderna en México. Bautizó a nuestra hija Adriana y los tres, Susana, Alfonso y yo, nos frecuentamos hasta el final de su vida. Quiroz Cuarón conoció la soledad, sin pasiones en la sangre que lo desviaran de su trabajo. Dotado del mejor humor, una sombra cruzaba su rostro nostálgico.

Don Alfonso argumentaba que las cárceles mexicanas, incluidos los centros de reclusión para menores delincuentes, son propios de un país que castiga la pobreza y el robo por hambre y fomenta la inequidad para el que nada tiene, y la "manga ancha" para los opulentos, la hipócrita conmiseración por los miserables. La inequidad, sostenía el criminólogo, aleja el sentido del bienestar. La justicia, decía también, fomenta rencores, y los rencores, venganzas... Y la venganza no tiene límites.

Le pedí a don Hazael que nos contara algunos episodios que ha vivido en el reclusorio de San Fernando. Sin rebuscar en su memoria, nos habló del secuestro de Rubén Omar Romano, el célebre futbolista, entrenador del Cruz Azul durante los días de su desgracia, quien recobró su libertad el día en que murió el secretario de Seguridad Pública, Martín Huerta, en un accidente aéreo.

Hazael Ruiz sería el conducto para que yo pudiera conversar con dos de los secuestradores de Romano, recluidos en San Fernando.

***

El crimen devora a los adolescentes. Hay muchos encerrados, pero hay más fuera de prisión. He leído que a los menores internos los inclina malévolamente el instinto oscuro de matar por matar. Para ellos la vida es una abstracción; la muerte, un dato de la realidad. En ellos no hay agravios mayores, no hay venganzas. En sus vidas la ignorancia es la única *nada* que poseen. No son como los adultos, que asesinan por pasiones amorosas, por pendencias irrefrenables, por el negocio de la droga. Pero los adolescentes, a la zaga, aprenden.

En los documentos que conocí y en las conversaciones a las que tuve acceso, leí y escuché que los adolescentes proceden de familias desintegradas, con padres y padrastros violadores, con madres prostitutas que alquilan su cuerpo por placer, por hastío o por hambre. La ostentación que se mira en la calle y se exhibe en la tele, los degrada. En el círculo de sus inmensas carencias, inaccesible el trabajo y el estudio para ellos, su pobreza es su riqueza, no tienen manera de enfrentarla. Simplemente, matar el tiempo, matar la existencia.

Reviso los legajos que tengo en mis manos. Muchos jóvenes delinquen desde los 12 o 13 años, remota aún la mayoría de edad, o a los 17, a punto de adquirir su plena responsabilidad ante la ley. Sin un hogar que los apoye, no tienen un lugar donde resguardarse. Aun en libertad, transitan por la época de los tragos baratos, la mariguana, los inhalantes. Estarán cerca la cocaína y las combinaciones tóxicas que nublan la razón. Saben que vivirán poco, pero es el precio que les gusta pagar. "Poco tiempo pero a gusto", dicen.

En los papeles que leí acerca de Erick Gutiérrez Hernández: nació el 11 de abril de 1994. Tiene 17 años y ya es reo por homicidio calificado. Ingresó a reclusión el 3 de septiembre de 2011. Erick pertenece a una familia desintegrada de bajos recursos, a la sombra de su madre. Su padre y tres de sus tíos se encuentran encarcelados en el Reclusorio Sur.

Según los criterios de psicólogos y especialistas que se ocuparon de su caso, este muchacho fue diagnosticado con dependencia a múltiples sustancias tóxicas y trastorno de la personalidad.

Erick se emborrachaba con sus amigos. Uno de ellos le reprochó que llevara droga consigo, lo cual le molestó tanto al grado de responder a la llamada de atención con golpes. Como la situación no le era ventajosa, los otros amigos lo ayudaron hasta dejar inconsciente al desventurado sujeto, a quien posteriormente subieron a una camioneta y tiraron en el kilómetro 41.5 de la carretera Xochimilco-Oaxtepec.

Ya en el suelo, para asegurarse de que estaba muerto, lo golpearon en el pecho y en el cuello con un "talacho", una especie de zapapico utilizado en albañilería.

En los casos de los crímenes que conocí no siempre están presentes las drogas y el alcohol. Sí tienen un gran peso en la oscuridad del mundo infantil, pero existen casos que van más allá de cualquier explicación.

Hay muchos ejemplos sobresalientes de madres prematuras que no conocieron la droga ni el alcohol.

De los niños y los adolescentes asesinos que matan con bravatas de hamponería, sería imposible omitir la degradación en la que sobreviven: hacinamiento, insalubridad, violencia, ignorancia, hambre, sed...

A todo lo anterior habría que agregar la estructura de los niños, su carácter, su temperamento, su mundo emocional. ¿Por qué, asesinos, corren el riesgo de acabar consigo mismos? Es sabido que el crimen arrastra al crimen, como la corrupción a la impunidad, como la ignorancia a la oscuridad.

Rosa María de Jesús Moreno

Rosa María proviene de una familia tradicional que radica en Michoacán. Nació el 7 de julio de 1995 y es la menor de ocho hermanos. Asistió a la escuela hasta completar el primer año de secundaria, donde fue alumna regular. Observaba buen comportamiento, sólo ensombrecido por el consumo esporádico de alcohol. Fue consignada por homicidio calificado. La medida de seguridad le fue impuesta el 9 de julio de 2011.

Rosa dejó su hogar a los 15 años de edad para emplearse en el Distrito Federal como trabajadora doméstica. Se colocó en la casa de María Teresa Grisel Pérez y Pacheco, en el domicilio ubicado en Paseo del

Río número 316, colonia Paseos de Taxqueña, en la delegación Coyoacán, donde laboró sin contratiempos, de lunes a viernes, durante un año. Los fines de semana los disfrutaba en unión libre con su pareja, actualmente su único apoyo. Los padres de la muchacha acuden ocasionalmente a las visitas familiares a las que tiene derecho su hija en la Comunidad para Mujeres. Explican su ausencia del centro de reclusión por la distancia que los separa de su casa.

La tarde del 23 de mayo de 2011 no parecería singular en el hogar de Paseos de Taxqueña salvo por el hecho de que Rosa le pidió permiso a su patrona para acoger, por una sola noche, a su tía, Brenda Lizbeth.

La señora le quiso dar gusto a su empleada, pues confiaba en ella. Por la noche, antes de cenar, la señora Pérez y Pacheco decidió tomar un baño. Salía de la regadera cuando Rosa la golpeó en la cabeza con un objeto de cristal. Enseguida, Brenda la atacó con un cuchillo cebollero y le cosió el cuerpo. Las homicidas pretendían darse a la fuga en el vehículo Mazda propiedad de la occisa. La cajuela del auto iba repleta de objetos robados.

Lesli Jareth Jiménez Lobato

Nació el 3 de junio de 1995. Vivía en Iztapalapa, en la calle Guelatao, eje 5, andador 6, interior B11, en la colonia Agua Prieta. Le gustaba ir a la escuela de su barrio donde estuvo a punto de terminar la secundaria.

Su madre, Guadalupe Lobato Sánchez, es viuda. La familia vivía en una atmósfera social tóxica y violenta. El padre de Lesli falleció cuando ella tenía tres años. Estaba involucrado en una banda delictiva. Pereció en una riña.

Muerto el padre, la menor sufrió violencia física y psicológica por parte de su padrastro y de algunas parejas con las que llegó a convivir la muchacha. Inició su vida sexual a los 14 años y el consumo de sustancias tóxicas a los 13.

En febrero de 2012 Lesli cohabitaba con Leonies, un adolescente al que conoció en la escuela; eran compañeros del mismo grupo. El día primero de ese mes, ella salió a tirar la basura. Fue alcanzada por su concubino, que corría frenético en su busca: "Córrele Lesli; el niño no reacciona. Corre".

Mientras ella salió rápidamente de la casa —relata Leonies—, él se ocupaba de cambiar el pañal al bebé que habían procreado. El menor, de apenas cuatro meses de edad, lloraba sin parar cuando, de repente, perdió la conciencia. Inmediatamente sus padres lo trasladaron a la Clínica del Rosario, donde les dijeron que el estado del pequeño era grave.

Transcurrieron dos días y el niño no mejoraba. Entonces fue trasladado al Hospital Legaria, donde permaneció en observación. Falleció a las 72 horas.

Ahí fue donde la pareja de adolescentes recibió la noticia de que el cuerpo de su hijo, Andrik Uriel Arana Jiménez, tendría que ser trasladado al Ministerio Público, donde le practicarían la autopsia en virtud de que presentaba lesiones serias.

La adolescente refirió a la autoridad competente que su pareja maltrataba al bebé, que en diversas ocasiones presenció cómo con la mano le pegaba en la cara hasta sangrarlo. Se le cayó al suelo varias veces. Ella trataba de defenderlo, pero igualmente fue agredida por el joven iracundo.

El bebé murió como consecuencia de los golpes que sufrió. Todo él se deshacía.

Jocelin Méndez Becerril

Jocelin es originaria del Distrito Federal. Nació el 8 de febrero de 1997 y es hija del señor Dinar Méndez Vázquez. No hay datos sobre su madre.

Jocelin concluyó sus estudios de secundaria en la misma colonia en la que vivía con su padre, la Vista del Pedregal, en Tlalpan. Actualmente tiene 16 años de edad y profesa la religión católica.

Una noche de abril de 2012, la adolescente inició labor de parto en su domicilio y dio a luz a una niña que, según las pruebas existentes, respiró con normalidad fuera de la cavidad uterina. Sin embargo, Jocelin introdujo a la recién nacida en una bolsa de plástico y la arrojó con fuerza a la casa de un vecino, quien dio parte a las autoridades.

El producto sufrió traumatismo cráneoencefálico que, a juicio de los peritos, le provocó la muerte.

Irán Geovanny Trejo Carreño

El Pelón era un joven alegre. Hoy tiene 16 años de edad y se encuentra recluido en la Comunidad de Diagnóstico Integral para Adolescentes por el delito de homicidio. La medida de seguridad le fue impuesta el 19 de septiembre de 2012. El diagnóstico clínico criminológico determinó trastorno asocial de la personalidad con rasgos de un posible trastorno psicótico.

El domicilio donde ocurrió su detención se ubica en la calle Ferrocarriles Nacionales número 12, en Azcapotzalco. La familia está constituida por su padre, Fabián Trejo Ramírez, jardinero de oficio, de 52 años, residente en Estados Unidos; Socorro Carreño Bueno, de 39 años, madre dedicada a las labores del hogar; Luis Fabián, jardinero como su padre, de 21 años de edad; Abraham Josef, de 18 años, estudiante de preparatoria, e Irán Geovanny, quien apenas cursó el primer año de secundaria. Uno de sus familiares, su primo materno, actualmente se encuentra en el Reclusorio Preventivo Varonil Oriente.

El día de los hechos, Karla, amiga de *El Pelón*, lo había invitado a su casa. Ahí abrió un frasco que contenía 10 pastillas. Le regaló cuatro a su amigo mientras ella consumía el resto. Pasaron la tarde juntos y ya de madrugada decidieron abordar un tráiler que se hallaba estacionado frente a la casa de Karla. Subieron a la cabina para tener relaciones sexuales.

Durante el acto, ella molestó verbalmente al *Pelón*, por torpe en el amor. Él, drogado y agresivo, ahorcó a su amiga con una prenda de vestir y con un trozo de madera punzocortante la picó por diversas partes de su cuerpo.

Eduardo García Rivera

Eduardo es un adolescente oaxaqueño que desconoce su edad. No tiene estudios ni profesa religión alguna. Antes de ser detenido por el delito de feminicidio, vivió en la calle de San Miguel, en la colonia Guadalupana de Iztapalapa. El padre de Eduardo es campesino y padece diabetes. Su madre se dedica al cuidado de sus siete hijos en un hogar modesto.

Durante 24 meses Eduardo vivió en concubinato con Lucía Martínez, hoy de 18 años de edad. Procrearon una niña que tiene un año dos meses. La joven familia abandonó Oaxaca en febrero de 2012. Sus ingresos no alcanzaban para mantener a los tres. Querían mejorar económicamente y aprender a hablar el español de manera correcta, pues eran mixtecos de origen.

Eduardo siempre fue muy vulnerable. Sufrió violencia y discriminación desde pequeño y sus problemas para comunicarse le provocaban una gran frustración.

La casa que habitaba era propiedad de su cuñada y de la madre de ésta. Con ambas sostenía una mala relación, explicable por la promiscuidad sin respiro de la cuñada. Para ella, cualquier hombre valía la pena.

Eduardo asegura que desconoce los hechos que lo llevaron a la cárcel. Sólo sabe que lo acusan de la violación y el asesinato de su sobrina de tres años. Lucía se encontraba en la casa, al cuidado de su hijo y de su sobrina, pues la mamá de la niña trabajaba. El adolescente llegó a las dos de la tarde a comer. Lucía le pidió que se hiciera cargo de los niños mientras ella iba por las tortillas.

Cuando regresó, sorprendió a Eduardo lavando los trastos. Nunca lo hacía. Su hijito jugaba cerca de su padre mientras que la niña estaba acostada en la cama, tapada hasta el cuello, a pesar del calor sofocante del mediodía.

Lucía llamó a la pequeña a la mesa y no obtuvo respuesta. Se acercó a la cama y tocó suavemente su mano. Estaba fría.

Óscar Gabriel Valentín Pérez

Valentín tiene 15 años. Nació el 1° de junio de 1997. Fue acusado formalmente de homicidio calificado el 8 de diciembre de 2011. Sus padres responden a los nombres de José Bernabé Gelista y Juana Pérez Castillo. Actualmente ella vive con otro hombre. Óscar respiraba un ambiente de alto riesgo. Uno de sus tíos, cercano, estaba internado en el Reclusorio Oriente.

Se hizo adicto a los inhalantes desde los 12 años. Se le diagnosticó adolescencia trastornada por el uso de drogas y perturbaciones por la ausencia de la figura paterna.

Su madre le pegaba un día sí y otro también. Pretendía alejarlo de las drogas. Cierta tarde, Óscar le robó a un transeúnte un crucifijo de oro que llevaba al cuello. Para realizar el hurto se valió de la violencia desatada. Celebraba drogándose en plena calle. Lo acompañaban sus compinches *El Memín* y *El Güero*. Un sujeto, de nombre Brandon, caminaba despreocupadamente por la calle. *El Memín* y *El Güero* embistieron a Brandon con una motocicleta. Tras arrollarlo, los drogadictos le pulverizaron la cabeza con una piedra. Luego le prendieron fuego al cadáver.

Ireli Carolina Briseño Pérez

La Yeya, como le decían de cariño, actualmente tiene 16 años de edad. Es originaria del Distrito Federal, de la colonia Pueblo de los Reyes, en Coyoacán, donde residía antes de ser consignada.

Vivía con su madre, Candelaria Pérez Sánchez, de 50 años de edad, y con sus hermanos, en un departamento modesto. Su padre tenía el oficio de pintor automotriz y había abandonado a Candelaria en cuanto dio a luz a *La Yeya*. La familia estaba desintegrada y atravesaba por una situación económica precaria. El hermano mayor fungía como proveedor de la familia, pero lo que ganaba ya no alcanzaba para el sustento del hogar. Ireli Carolina no pudo terminar la secundaria.

La Yeya refiere que sufrió dolores estomacales muy intensos durante varios días. Tenía miedo de hablar con su madre o con su hermano, a pesar de que había una buena comunicación entre ellos. Hasta que la madrugada del sábado salió al baño de su casa, que compartían con varios inquilinos de la vecindad. Permaneció recostada en el piso frío hasta que sintió un bulto que salía de sus entrañas. Miró estupefacta al bebé que yacía en el suelo. Ella argumentó que ignoraba su embarazo, puesto que nunca dejaron de presentarse sus periodos menstruales.

Asegura que, estando en el baño, se le nubló la vista y sólo pudo regresar a su casa hasta que se le pasaron los mareos. Descansó el resto de la noche. Al día siguiente, los vecinos encontraron el cadáver del recién nacido en una coladera y denunciaron el hecho ante las autoridades que, luego de una rápida investigación, detuvieron a la adolescente, quien fue acusada de homicidio simple.

Francisco Salvador Calderón Servín

Armado con una pistola, Francisco Salvador se dirigió a una camioneta repartidora de pan Bimbo. En el volante iba una señora, sola. Arma en mano, Francisco Salvador le exigió su dinero. La señora, con el pavor que le provocó la situación, puso el pie en el acelerador y emprendió la huida sin percatarse de que por la calle cruzaba una mujer que hablaba por teléfono y la arrolló. El adolescente, presa del miedo, corrió hacia la mujer atropellada. Ella se incorporó, ávida de vivir.

Murió de un disparo al corazón.

David Colunga Meléndez

Largo tiempo sin trabajo y ya con 17 años, David Colunga Domínguez se dedicó a la venta de cosméticos.

El carácter no le ayudaba en su trabajo: era hosco y de palabra difícil. Fracasó y ese hecho le generó desaliento.

Una tarde se fingió enfermo y acudió a ver al doctor Óscar Palma Jiménez. El médico inició la consulta. El muchacho, sigiloso, sacó entre sus ropas una pistola escuadra calibre 38 y la colocó en la frente del médico.

Sin palabras de más, David puso precio a su rescate: 15 000 dólares. Después, David, absoluto en su instante, se trepó en el Honda Civic 2003 del doctor y lo llevó lejos, en espera de que éste reuniera 150 000 pesos. Si no lo hacía, pagaría con su vida.

Lidia Esther Lima Pérez

Lidia comenzó a delinquir a los 16 años. Hoy tiene 20. Actuó con la complicidad de tres sujetos contra un estudiante que se dirigía a la universidad. En el momento en que abordaba su automóvil, el joven fue sometido a golpes y encarcelado en su propio vehículo. Padeció un cautiverio de 39 días. En ese tiempo fue llevado a parajes remotos y campos sin vida.

Fue liberado después de que sus familiares pagaron el rescate que lo salvó de la muerte. Obtuvo la libertad, mutilado. Le fueron cercenados los dedos meñique y anular de la mano derecha.

Merley Zárate Serrano

Acompañado por un amigo y enardecido por los celos, Merley fue a visitar a su ex novia con el ánimo de buscar una reconciliación. Mientras su compañero fracasaba en el intento de serenar los ánimos desbocados, Merley insultaba y golpeaba a la muchacha. Eran inútiles sus exigencias. La muchacha les pidió que se fueran de su casa, a lo que Merley respondió con amenazas extremas. Fuera de sí, psicótico, extrajo de su pantalón una larga navaja que clavó en el lado derecho del abdomen de la jovencita. Repitió los navajazos sobre su cuerpo inerme y huyó.

Ricardo Abraham Leyva García

Dos agricultores circulaban por la carretera que va hacia Oaxtepec. Cerca de San Gregorio Atlapulco, un par de vehículos les cerró el paso y descendieron dos adolescentes que les apuntaron con armas de fuego. Ricardo y su cómplice llevaron a sus víctimas hasta una casa de seguridad. Ahí los golpearon hasta quedar exhaustos y les tomaron fotografías que enviaron a sus respectivas familias. El terror surtió efecto. De los cinco millones de dólares que exigían por el rescate, obtuvieron 400 000 pesos. No necesitaban más. Sus cuerpos se descomponían por la falta de droga.

Luis Enrique Alcántara Velasco

Luis Enrique se divertía con su pandilla, con la que se hacía de dinero. El 15 de diciembre de 2010 los muchachos vieron a una pareja que celebraba algún acontecimiento adentro del Bosque de Nativitas.

Los novios se vieron cercados por los pandilleros, propicio el paraje para un ataque artero. En segundos se vieron amenazados con un cúter y bañados en sangre. Los agresores se conformaron con 300 pesos.

En ese momento, era suficiente.

Patricia Tolentino Rodríguez Castañón

Paty era trapacera, de las buenas. En compañía de una amiga huía del asalto que había perpetrado con buenos resultados. En el atentado, su amiga la había apoyado con una pistola de juguete. Así medraron durante mucho tiempo, hasta que su buena estrella se apagó. Hoy viven en la cárcel, a la espera de un solo futuro: les atrae la trapacería, el calor de su existencia.

Laura Guadalupe Hernández Velázquez

En complicidad con su hermano y con un viejo amigo, Laura abordó un taxi en la avenida Ermita Iztapalapa. Ya en el automóvil, la chica metió la mano en la bolsa de su pantalón y amenazó al chofer con una navaja que colocó contra su cuello. El compañero de la muchacha mantuvo una pistola en la sien del taxista. Los adolescentes despojaron al conductor de cuanto traía, lo encerraron en la cajuela y huyeron. El chofer estuvo a punto de morir por asfixia.

En el Ministerio Público apareció este dato: los taxistas son víctimas predilectas de los menores delincuentes. Les es fácil amedrentarlos, despojarlos de las ganancias del día, liquidarlos.

Janette Díaz Hernández

A bordo de un taxi, *La Galleta*, como le decían sus amigos a Janette, fue dispuesta con el mejor ánimo para gozar en una fiesta en compañía de sus amigas. Al llegar a la reunión, súbitamente cambió de opinión. Cuando el conductor exigió su dinero, *La Galleta* puso la punta de su cuchillo en el cuello del conductor. El botín ascendió a 500 pesos.

Frida Maleni Olmos Peñaloza

Estudiante de secundaria, a los 14 años de edad Frida fue consignada a la autoridad. Un comerciante de ropa usada en el tianguis de Santa Úrsula Coapa la denunció por robo y por provocar desmanes en su almacén. El vendedor estaba a punto de retirarse del mercado y amarraba las últimas pacas de su mercancía cuando se le aproximó un adulto. Iba acompañado por dos niñas que ya veían en la delincuencia una forma de vida. Ellas mismas consumaron el asalto, pistola en mano. El robo ascendió a pesos y centavos.

Surishadei Bonilla Borja

Un día de oscuro recuerdo, Suri acudió a la casa de una amiga. Sin saber cómo, cinco muchachas alcoholizadas y drogadas se posesionaron de la vivienda. Suri se asustó y se encerró en el baño. Las invasoras forzaron la puerta y la golpearon hasta el agotamiento. En el forcejeo la lesionaron con un cuchillo y le quebraron un tazón de cerámica en la cabeza. La ofendida gritaba. Las adolescentes le cubrieron la boca con cinta adhesiva. Una vecina de Suri escuchó el escándalo, por lo cual el grupo abandonó la vivienda. Sin embargo, se dieron tiempo para robar dinero, siete tarjetas de crédito y los objetos de valor a su alcance.

Casandra Sarai Méndez Méndez

Casandra estudió la primaria y desde muy pequeña se dedicó al comercio. Trabajaba en el mercado de Granaditas. Y una noche su novio la instó al delito: juntos arrancaron el bolso de mano a una señora que pasaba por la calle. El robo fue a mano armada. Un grueso cuchillo centelló a los ojos de la víctima empavorecida.

Eric Gustavo Herrera Martínez

Eric fue internado en la Comunidad de Tratamientos Especiales para Adolescentes en 2010. Entonces tenía 15 años de edad y estudiaba la secundaria. Era reincidente en el delito de robo.

Una persona acudió a un cajero automático en la delegación Tláhuac para retirar una suma importante de dinero. De regreso a su casa, Eric y un cómplice lo abatieron por la espalda con un desarmador, contundente como un cuchillo de carnicero.

Mario Segundo Albino

A los 14 años Mario delinquió por primera vez. Era aprendiz de lo que fuera. Un clásico milusos. Se le imputó robo calificado. A los 16 años volvió a cometer ese delito.

Junto con otro sujeto, hoy prófugo, interceptó a un hombre al que ya le había echado el ojo. Sobre el Eje 3, los malhechores despojaron a su víctima de lo que llevaba encima y le cercenaron el brazo.

Fortunato Martínez Hernández

La víctima trabajaba en un rastro de pollos. Había llegado temprano a su trabajo y había visto pasar las horas en la rutina de su vida. Como a la una de la tarde, entró a un cuarto para descansar. Ahí encontró a su sobrino, Fortunato, en un ánimo extrañamente alterado.

El muchacho provocó a su tío. Tras airadas recriminaciones, asió con el puño unas tijeras polleras que le clavó en la zona frontal. Inmediatamente después le exigió su teléfono celular nuevo. Fue terminante: si no le entregaba el aparato, volvería a atacarlo. Su amenaza resultó tan brutal como definitiva.

Cruz Alberto García Reyes

Su apodo es *Lagrimita*. Hoy tiene 17 años 10 meses de edad. A Alberto le gustaban las luchas y todo el tiempo las practicaba.

Lagrimita peleaba con un oponente imaginario cuando miró de lejos a un hombre que realizaba cobros en un establecimiento. Se le acercó y le aplicó la "llave china" por la espalda, mientras que con la mano derecha le colocaba un arma blanca en el cuello.

Imaginó que había consumado el delito perfecto: el robo sin sangre, obra de un luchador de televisión. Ahora está recluido. Dice que no volverá a hacerlo.

David Omar Apolinar Hernández

David fue aprehendido a los 16 años, por reincidir en el delito de robo. El relato es muy sencillo: un hombre ejercía tranquilamente el comercio en un local de la colonia El Cuernito. Terminada su jornada de trabajo, en la noche enorme, un cuchillo amenazaba a su madre un día de mayo de 2012, mientras limpiaban el puesto de comida que atendían para completar el ingreso familiar. La señora se percató de que una sombra se aproximaba a su hijo blandiendo una botella rota. El delincuente era David, que no se conformaba ni con su sueldo ni con su suerte. Exigió al comerciante que le entregara el dinero producto de las ventas: 400 pesos.

Milton Yahir Lima Islas

Milton acababa de cumplir 17 años y delinquía con una pandilla de siete sujetos, tres de ellos aún prófugos. Penetraron a una residencia con alardes de violencia física y psicológica en contra de la dueña y de sus hijos, a quienes amagaron con pistolas, sellaron sus bocas con cinta adhesiva y los ataron de pies y manos. De la casa, robaron todo.

Irving Adrián Montellano García

Lo llamaban *Lucas* y era adicto a la mariguana. Miró de lejos a una prostituta que ofrecía sus servicios en plena calle. La cuidaba su explotador. *Lucas* y dos de sus cuates se plantaron frente a la sexoservidora y la injuriaron. El novio de la mujer salió en su defensa. Los pandilleros agredieron a sus víctimas con botellas de cerveza rotas. Las cicatrices de las heridas que les provocaron son para siempre.

José Natividad Hernández Rosas

En agosto de 2012 elementos de la Policía de Investigación de la Procuraduría General de Justicia del Distrito Federal (PGJDF) observaron a un sujeto que iba de puerta en puerta por las calles de Iztapalapa. Entregaba algo y recibía un paquete. Los policías lo siguieron e incautaron su envoltorio. Al acudir al interrogatorio de ley, José Natividad confesó que consumía una droga conocida entre sus compañeros como piedra. La necesitaba como al aire. Y lo enloqueció. En prisión permanece ausente de sí mismo.

Cristian Alan Cadena Godoy

Fue acusado de delitos contra la salud en su modalidad de narcomenudeo. Un pitazo llevó a las autoridades hasta su casa en la colonia Juventino Rosas. En cumplimiento de una orden de cateo, los policías encontraron en el cuerpo de Cristian Alan 14 envoltorios de cocaína. La adicción se había apoderado de él. Hoy no sabe de sí.

Eduardo Abraham Alcaraz Sánchez

Una niña de ocho años fue violada por Eduardo. La pequeña apenas pudo describir la depredación de la que fue víctima. Eduardo Abraham tenía acceso a la niña. Era su prima.

Javier Eduardo Pascual Montoya

El Pascual se encontraba solo en su domicilio y pudo observar por la ventana que su vecina se encaminaba a la tienda. A su regreso, la invitó a entrar a la casa con el pretexto de que le iba a hacer un obsequio. Ella cayó en la trampa, y en la cocina, de espaldas a las escaleras, Javier la golpeó en la cabeza. La muchacha se desplomó sobre los escalones, inconsciente. El muchacho aprovechó el momento para hacerse del tensor que estaba en la mochila de herramientas de su padre. Arrastró a la niña por los peldaños hasta la construcción, aún en obra negra, de un inmueble contiguo a su casa, desierta. Ahí, la violó y completó su crimen sin omitir resquicio alguno de su víctima. Ella no reaccionó. Entonces, el malhechor colocó una reata en el cuello de la muchacha y jaló fuertemente la cuerda hasta que la mató por asfixia.

Fabián Ariel López González

Fabián se emborrachaba con su hermana Viridiana y con su amigo Luis Miguel. Ella, completamente ebria, decidió irse a dormir. Fabián se ofreció a acompañarla, le puso un colchón en el suelo y apagó la luz del galpón en el que se encontraban.

Fabián besó a su hermana a la fuerza. Ella se resistió y obtuvo como respuesta puñetazos y cabezazos en el rostro. Luego de inmovilizarla, su hermano le arrancó la ropa para violarla sin parar de golpearla. Viridiana al fin dejó de moverse. En ese momento entró Luis Miguel, cómplice del sádico. Juntos continuaron la aventura siniestra.

Edwin Reyes González

El denunciante es padre de Tomasa, una niña de 12 años que fue embarazada por Edwin, quien había sido pareja de la media hermana de Tomasa. El adolescente le dijo a la niña que si hablaba de lo que había sucedido entre ellos, se llevaría a la media hermana a un lugar remoto y horripilante para que ni ella ni nadie más pudieran volver a verla.

Brayan Peña Hernández

Brayan participaba en los secuestros exprés. El jefe de la banda era su padre. Solían requerir rescates de 10 millones de pesos. Una noche interceptaron a su víctima, el dueño de la Panadería González, en Iztacalco. Se lo llevaron en un taxi.

La negociación se realizó a través del hermano del panadero. Los secuestradores vivían urgidos de droga, dispuestos a lo que fuera. Apremiados como estaban, llegados al límite, se conformaron con 207 722 pesos.

* * *

Hay historias a propósito de niños maltratados. En *Los hermanos Karamazov*, Dostoievski cuenta de qué manera la furia desata la furia.

Un padre golpea a su criatura y el primer zarpazo le calienta la sangre. Al primer golpe sigue otro, y otro y otro, y ya ardiente la palma de la mano, el padre sigue descargando su furia contra el pequeño. Lo destroza, pero el niño se mantiene con vida. No obstante en unos minutos se ha hecho viejo.

A los nombres de los adolescentes enlistados arriba habría que agregar a Benjamín Isidoro Soto Sandoval, Luis Armando Crisanto Gil, Óscar Manuel Moreno Rocha, David Colunga Meléndez, Gustavo Orube Moreno, Ricardo Abraham Leyva García, Casandra Saraí Méndez Méndez, Víctor Hugo Palafox Pérez, Alberto Mena Aguilar, Argimiro Martínez Cortés y muchos más.

Todos se encuentran recluidos en los centros para menores infractores. Sus delitos se confunden, de tan parecidos que son entre sí. Pero cada uno entraña una tragedia personal, familiar y social. Una línea los marca: el abandono. Y un afán los identifica: ser ellos mismos, así sea vaciándose, muriendo.

En una esquina de mi escritorio se apilan historias pormenorizadas de adolescentes excluidos de la vida y de su reacción al rechazo.

En estas páginas está presente una relectura de *Los hermanos Karamazov*.

Edgar

Edgar tiene cuatro hermanos que nacieron de una unión entre su madre, de 16 años, y su padre, de 20. La pareja inició su vida en el hogar de la abuela de Edgar. La aparente armonía en la casa se ensombreció cuando los niños, privados de casi todo, empezaron a robar a los vecinos. La madre, fuera de sí, les quemó las manos. Por su parte, el joven esposo se entregó a la bebida. Y para alcoholizarse, privaba a sus hijos de las tortillas cotidianas. Las peleas de la pareja no menguaron hasta su separación.

La señora se llevó a sus hijos a una casona abandonada. Ahí aparecía por las noches acompañada por un hombre siempre distinto. A sus hijos les daba de comer en bolsas de plástico y se marchaba. Pasadas unas semanas, la mujer acudió a la casa con un nuevo sujeto que se alcoholizaba y golpeaba a los niños hasta que se desvanecían.

Un día, la señora invitó a sus hijos al Pollo Kentucky. En el local, los menores comieron y jugaron. Ya cansados, se percataron de que habían sido abandonados en el restaurante. Un vecino los regresó a la casa de la abuela, quien repartió a los niños entre sus tíos y sus tías.

Tres años después, el padre y su nueva pareja rentaron una vivienda para que él pudiera reunirse con sus hijos. A fin de celebrar la vida que todos, juntos, reiniciaban, la madrastra propuso un brindis con pulque. Todo parecía marchar bien, incluidos los percances habituales de cualquier familia.

Sin embargo, el jefe de familia aumentaba su consumo de alcohol. La ira lo dominaba con frecuencia, vaciaba sobre el suelo la escasa comida que llevaba a la vivienda y ahí arremetía contra sus hijos y los golpeaba.

Conforme crecieron, los muchachos dejaron el hogar paterno. Un vecino empleó a Edgar como machetero, quien más tarde fue ayudante de albañil y auxiliar de su cuñado en la venta de comida para los obreros.

Entonces conoció a Delia, una hermosa joven que vendía, como él, tacos a los albañiles. Delia tenía una hija de un año y medio. Un día se presentó en el cuarto de Edgar, que se había ofrecido a cuidar a la pequeña.

Una hora después, la niña se deshizo en llanto, Edgar no lograba callarla, se desesperó y finalmente descargó la furia de sus puños contra el cuerpo y el rostro de la criatura. Pero la agresión no terminó allí. Edgar le apretó el cuello hasta ahogarla. Entre sombras abordó un taxi y condujo a la niña al consultorio más cercano. Ahí fue informado que eran irrecuperables los signos vitales de la menor.

Víctor

Desde pequeño Víctor padeció las agresiones de un padre alcoholizado. En ocasiones lo enviaba al hospital. La primera ocurrió a sus siete años, víctima de golpes en el cuerpo propinados con un cable de acero. La segunda, a los 10, cuando su padre le encajó unas pinzas en la pierna. La madre de la criatura no intercedía por él. El miedo la paralizaba.

Posteriormente, Víctor fue expulsado del kínder como consecuencia de las golpizas que les propinaba a sus compañeros. En la primaria imponía sus hábitos. Ya en sexto grado, luego de una reprimenda de la maestra por el mal comportamiento de su alumno, el papá de Víctor golpeó a la profesora en pleno rostro y, ya en el piso, la pateó. El muchacho fue testigo de esa escena.

En la secundaria, fue expulsado por sus incesantes pleitos con alumnos y profesores. Junto con su padre, trabajó un tiempo en un comercio de herramientas.

Desde los 15 años robaba a clientes habituales y ocasionalmente a peatones.

Ingresó a San Fernando por secuestro y homicidio agravado, delitos que cometió en complicidad de dos muchachos mayores que él y de sus padres. La participación de Víctor en el crimen fue directa: convenció a un niño de cinco años de edad para que lo acompañara hasta una casa que rentaban en Iztapalapa. Ahí mantuvo al chiquito durante una semana hasta que, todos juntos, adolescentes y adultos, decidieron matarlo. Víctor amarró de pies y manos al pequeño y le inyectó ácido muriático en diversas partes de su cuerpo.

Los padres de Víctor recibieron una larga sentencia. La de Víctor fue de cinco años. Lo protegió su minoría de edad.

Everardo

Vivió con su madre y dos hermanos en la casa de la abuela hasta que sus padres rentaron un cuarto en La Merced. Estudiante mediocre, concluyó la primaria sin contratiempo. En la secundaria se relacionó con pares nocivos. A través de su padre, involucrado en el narcomenudeo, se inició en el consumo del alcohol y los enervantes. Cedió a su inclinación y conoció por sí mismo el delito.

Los padres de Everardo se separaron y sumieron al joven en una profunda depresión. Su abuelo, jubilado como policía de la secretaría de Seguridad Pública, poco pudo hacer en beneficio de la formación del adolescente. El policía era un viejo acabado.

En 2007 Everardo enfrentó su primer proceso penal por homicidio. No se trató, sin embargo, de su primer delito. Desde pequeño se inició como delincuente, pero siempre salió bien librado porque contaba con el apoyo de las personas mayores. En 2009 volvió a cometer un homicidio. Hoy compurga su sentencia en la Comunidad de Tratamiento Especializado para Adolescentes.

Everardo, *El Nene*, se dirige a la casa de *El Nico*. Lo acompañan sus cómplices, *El Colores* y *El Munra*. Querían matar a *El Nico* porque les robó sus carteras y una pistola. Llegaron al domicilio de *El Nico*, forcejearon con él y le metieron una bala en el cráneo. Huyeron a bordo de una motocicleta azul por la calzada Ignacio Zaragoza. Los testigos los denunciaron.

Everardo fue candidato para integrarse al proyecto de dormitorio de vanguardia, diseñado para adolescentes con un perfil favorable para la reinserción, por su disposición a involucrarse en las diversas actividades de la comunidad. El proyecto más ambicioso se llamó Acia Lumen Vitae (Casa de Medio Camino). Sin embargo, las condiciones del proyecto no resultaron completamente favorables para algunos adolescentes, entre ellos Everardo. Perseguido por la mala suerte fue reincorporado a la Comunidad de Tratamiento Especializado para Adolescentes.

No obstante, fue inscrito al sistema PrepaNet y becado al cien por ciento por el Instituto Tecnológico de Monterrey. Este sistema exige un mínimo de ocho horas diarias de estudio. Además, Everardo es integrante del equipo de futbol americano Panteras y participa en el Taller de Literatura Bunko, teatro improvisado de la Comisión de Derechos Humanos del Distrito Federal. Por último, se diplomó en el curso de administración de microempresas y mercadotecnia del Cecati 187.

En la actualidad Everardo se relaciona adecuadamente con sus compañeros, con sus familiares y con las autoridades. Cumple con los objetivos de su Programa Personalizado de Ejecución de la Medida (PPEM), así como de su proyecto de vida. Mantiene un correcto control de sus impulsos y expresa sus emociones de manera adecuada. Su familia lo apoya y en conjunto con ella ha trabajado en la identificación de las dificultades en su seno. No presenta adicciones ni prácticas abusivas hacia sus compañeros, su aliño es adecuado y goza de buena salud.

Su caso llama la atención.

Brayan

Se llama Brayan Ortega Fregoso y le dicen *El Grande*. Es alto, grandes los músculos y grande su capacidad de agredir. Su violencia irrumpe sin control. A un enfermero se le fue encima cuando éste se disponía a administrarle sus medicinas. *El Grande* hoy ve transcurrir su vida en solitario, maniatada su furia.

La causa del delito que lo mantiene encerrado en San Fernando fue la ofensa verbal que un par de transeúntes profirió en contra de su novia. Brayan, sin más, acompañado por su amigo Edgar Leopoldo Castro, abrió fuego contra los desconocidos. A uno lo mató; al otro lo dejó postrado, grave.

Brayan tiene dos medios hermanos, ambos bajo reclusión. Uno está acusado de homicidio y secuestro. Su tío paterno murió en la cárcel después de 14 años de reclusión.

Las relaciones familiares de *El Grande* siempre estuvieron regidas por la violencia. Su padre la ejercía, como *El Grande*, sin control, en contra de su madre, sus hijas y sus hijos. El brutal ímpetu del padre no se detiene en el orden físico; va más allá de la tortura psicológica y el desorden económico. La pobreza siempre presente. La madre padece alcoholismo y es muy permisiva con los hijos. En este terreno no tiene límite. En una ocasión intentó introducir sustancias tóxicas al centro de reclusión.

Brayan es padre de un hijo. De él nadie sabe nada.

Luis Bernardo Romero González y Antonio Viviano de la Cruz Rosales

El declive de Luis Bernardo se inició cuando tenía nueve años. Desde entonces inhalaba cemento. Siguió para él una época de precario control con medicamentos. Pero Luis Bernardo no abandonaba la mariguana, ni las tachas, ni los hongos, ni las anfetaminas. Se le diagnosticó una dependencia a múltiples sustancias y se le detectó un trastorno agresivo de la personalidad. Fue consignado por homicidio calificado, robo agravado y tentativa de homicidio. Perdió su libertad el 8 de agosto de 2008.

En complicidad con Antonio Viviano de la Cruz Rosales, Luis Bernardo hacía la parada a los taxis que circulaban por la calzada de Tlalpan. Les pedían a los choferes que los condujeran por el rumbo del Ajusco. Antes de llegar a una Y que se encuentra en el camino, con un lazo Luis Bernardo sujetaba el cuello de su víctima, jalaba hacia atrás la correa y la inmovilizaba. Una vez sujeto el chofer, Antonio Viviano presionaba con una pistola la cabeza del infeliz. Seguían amenazas, un cuchillo a la altura del estómago de la víctima y un recorrido breve por un camino asfaltado.

Ya en un bosque cercano, los delincuentes bajaban al taxista del vehículo y lo introducían en la cajuela de su propio taxi. Bernardo y Antonio se alternaban en el volante, nerviosos. A los treinta o cuarenta minutos, ya tranquilos, de paseo, asesinaban al inocente.

A los ocho meses de haber nacido, Luis Bernardo fue separado de su madre. Cuando cumplió ocho años, su padre, Santiago Romero, lo entregó a un arquitecto que a partir de entonces fungiría como su tutor. Con él aprendió albañilería.

Santiago Romero reside en Yucatán y una vez por semana le llama a su hijo por teléfono. Luis Bernardo tiene estudios de secundaria. A su ingreso en la Comunidad de Tratamientos Especiales para Adolescentes se verificó su nivel de conocimientos, que resultó acorde con su nivel escolar. Estuvo a tiempo para iniciar su bachillerato, pero la inscripción correspondiente se frustró por la falta de documentación oficial del muchacho. Se detectó en él una fácil comprensión para la lectura y un pensamiento lógico matemático avanzado.

Luis Bernardo trabaja en actividades programadas en las que ha mostrado avances gracias a su capacidad reflexiva. Realiza ejercicio, mantiene una actitud competitiva y emprende labores manuales con destreza.

Inició el consumo de mariguana a los nueve años, de sustancias tóxicas inhalantes y de psicotrópicos a los 11, y de cocaína a los 12. Luis Bernardo empezó a desarrollar conductas delictivas a los 14. Algunas personas que lo conocían, solicitaban sus servicios para asesinar por encargo. Así conoció a Antonio Viviano de la Cruz Rosales. El delito los unió y creó entre ellos un vínculo afectivo y de apoyo mutuo.

Luis Bernardo presenta trastorno de personalidad. Carece de estímulos y objetivos para avanzar como persona. Es reservado, distante y solitario. Para obtener algún dinero suele intimidar a las personas. Es lento en el aprendizaje y emocionalmente inestable. Se siente excluido de la sociedad como consecuencia del abandono y el rechazo que padeció a lo largo de su vida. Padece trastornos de sueño.

Antonio Viviano de la Cruz Rosales, por su parte, está sujeto a una medida de tratamiento de cinco años. A ambos los sentenciaron por robo agravado y homicidio calificado.

Antonio Viviano está inscrito en la Dirección General de Bachillerato, en el Sistema de Preparatoria Abierta. A su ingreso a la comunidad se mostró renuente a participar en cualquier tipo de actividades. No obstante, su recuperación avanza, aunque de manera lenta. Ya presentó el examen de metodología de aprendizaje.

No hay alma que lo visite. A muy temprana edad, su madre se desentendió de él. Su padre evadió la responsabilidad de su crianza y su cuidado. Antonio Viviano abandonó el hogar a los ocho años de edad y se puso bajo la tutela de un hombre afable al que llama tío, el cual lo hizo partícipe en el negocio del secuestro.

A esa edad ya era adicto al tabaco y al alcohol; a los 14, a los inhalantes, y a los 15 a la mariguana y los psicotrópicos. No se integra con facilidad a las actividades de la vida cotidiana. Se forma en la sexualidad. A los 14 años empezó a familiarizarse con las armas y en cuatro dedos de la mano derecha se tatuó una a una las letras que forman la palabra "loco". Tiene cicatrices en el brazo izquierdo por cortaduras de vidrios y diversas charrascas en el rostro.

Carece de antecedentes de mala conducta en la comunidad y mantiene su capacidad de amar.

Manuel

Sus compañeros lo apodaron *El Manitas*, debido a una malformación congénita que padece. Ingresó a la Comunidad de Diagnóstico Integral para Adolescentes, en la colonia Narvarte, en 2006. Manuel, adicto a las drogas y al delito callejero, creció en un ambiente cargado de violencia. A los cuatro años de edad, sus padres se separaron y *El Manitas* sufrió la crisis del abandono. Dos muertes marcaron su vida: la de su hermano mayor, asesinado en una riña, y la de su hermano Cristian, quien, al igual que el primogénito, cayó a traición al momento de cobrar una deuda legítima.

Acusado de robar a transeúntes, Manuel fue aprehendido por primera vez a los 15 años de edad. Dejó el reclusorio por "cautelares", obligado a firmar trámites que avalaban su libertad provisional. Por el mismo delito sufrió una segunda detención. Le fue impuesta una tercera, ahora de nueve meses.

Un año después, cuando tenía 16, Manuel fue aprehendido de nuevo. Había robado un auto. Al poco tiempo salió libre. Volvió a las andadas y esta vez fue encerrado durante seis meses.

A un mes de cumplir los 18 años fue presentado ante la autoridad, ahora por el delito de secuestro exprés y homicidio. Por sus delitos, considerados graves por la ley, le esperan cinco años de confinamiento.

En su biografía *El Manitas* podrá relatar que fue juzgado dos veces: como menor y como mayor de edad. En él, la ley se cumplió y quebrantó.

El primer delito serio de Manuel lo cometió en complicidad con un compinche, de apellido Parra. Luego de haber asestado un golpe contra usuarios de un transporte público y obtenido un botín, se abastecieron con largueza de su droga preferida: la "piedra". Poco después, Parra fue asaltado por el distribuidor de estupefacientes de la zona que frecuentaba *El Manitas*. Iracundo, telefoneó a su compinche para que acudiera en su auxilio. Manuel se presentó ante su amigo.

Juntos, buscaron al agresor, en actitud de venganza, pero se encontraron con un hombre temerario. Los ánimos se caldearon. Entonces Parra le pidió a Manuel que le prestara el "cuete" para enfrentar al distribuidor de droga. Sin más, pistola en mano, Parra le disparó en la pierna. Horrorizada, la víctima se refugió en su vivienda pero los adolescentes violaron su frágil trinchera y le dispararon un segundo proyectil, ahora en el corazón. Manuel se cubría con una sudadera y una capucha que lo ocultaba. Posteriormente declaró que no tuvo conciencia de haber dado muerte al narcomenudista. La investigación del caso se cumplió de manera tal que hoy Parra y dos adultos más se encuentran tras las rejas en el Reclusorio Norte.

La confusión en las declaraciones por parte de los testigos oculares, todos familiares del difunto, atribuye la consumación del homicidio a un sujeto que no es Manuel. A él lo culpan sólo por ser dueño del arma homicida.

Arturo

Hijo de una familia disfuncional como consecuencia de la separación de los padres, Arturo se fue a vivir con su mamá y sus hermanas mayores a la casa de la abuela materna. La madre trabajaba en una casa, cordial la vida cotidiana.

A los pocos años de su separación, la señora se unió con otro hombre. En ese momento comenzó una relación violenta entre ella y su hijo. Al ingresar a la secundaria, Arturo se inició en el alcohol y la mariguana. Su madre no tardó en expulsarlo de un hogar que los había unido durante 16 años.

La vida de Arturo cambió. Empezó a trabajar como chofer y a ganar algún dinero. Pero cada vez le gustaban más las drogas.

Antes de su detención, ebrio y drogado, asistió a una fiesta en compañía de una chica. Al salir, Arturo le propuso que tuvieran relaciones sexuales. Ella se negó y él la asió del cuello, hasta provocar su desvanecimiento. Después le impuso la cópula vaginal y le exigió que se hincara. Le colocó la cabeza sobre un escalón del lugar donde consumaba su delito. Ahí la molió a patadas. No satisfecho, rompió una botella de vidrio y le cortó el cuello.

Erick

El 19 de agosto de 2011 Erick y sus primos amanecieron borrachos y drogados. Habían escuchado narcocorridos toda la noche y estaban con el ánimo caliente. Discutieron entre sí por la distribución de la droga, y ofendieron a la madre y a la hermana de Erick. Marco, el tío de todos ellos, sufrió en el suelo una golpiza que lo dejó inmóvil.

Al observar el cuerpo inerte de su pariente, los victimarios treparon a Marco a una camioneta para deshacerse de su cuerpo en un baldío distante. Lo colocaron en la cabina de la camioneta Ford en la que viajaban y sin mayor pérdida de tiempo, Erick le destrozó la cabeza a su tío con una botella de cerveza. Brotaron salpicaduras de sangre. Erick no tenía otro propósito que asegurar el fin de Marco. En el frenesí, enloquecido, arrancó la playera de la víctima para cubrirle la cabeza y así continuar con su saña asesina.

En entrevista con su psicólogo, Erick confesó que había sentido placer al consumar el crimen. También dijo que la sensación que lo invadió fue la misma que recuerda cuando su padre lo invitó a matar a uno de los marranos que criaba la familia. Entonces, apuñaló al animal hasta perder la cuenta de los pinchazos que le asestó.

Dos años después del crimen de su tío, Erick recuerda que la víctima movía aún brazos y piernas y sin que se dieran cuenta de ello sus cómplices, apretó el cuerpo de Marco con una cadena que el occiso llevaba al cuello.

Marco tenía 32 años al momento de su muerte. Al bajar el cuerpo de la camioneta Ford, sus agresores lo acuchillaron 42 veces, según el parte forense. También cuenta Erick que con un martillo que bajó de la camioneta, lanzó el arma a la cabeza inerte de Marco, descargó varios golpes en lo que restaba del cráneo y, finalmente, a la altura de la base de la tráquea, le desprendió la cabeza. Erick refiere que la arrojaron a una cañada, lejos del resto del cuerpo.

Erick tiene 19 años y se encuentra recluido en la CTEA por homicidio calificado. El juez le proporcionó una medida de tres años, diez meses, 15 días, en virtud de que los abogados arguyeron que los primos del adolescente cargaron con una mayor responsabilidad. Ellos se encuentran en un reclusorio para adultos.

Bajo los criterios de edad y talla, Erick fue enviado a la Comunidad para el Desarrollo de Adolescentes. De ahí fue regresado a la Comunidad de Tratamientos Especiales para Adolescentes por el trato abusivo que ejercía sobre sus compañeros, a quienes golpeaba y despojaba de sus enseres.

La familia Peña Olguín

Óscar Daniel nació hace 22 años. Es el séptimo de los ocho hijos procreados por José Luis Peña y Rosa Elena Olguín. El jefe de la familia padeció alcoholismo, vicio que provocó la ruptura familiar. Rosa Elena, por su parte, abandonó el hogar cuando Óscar tenía ocho años de edad. Los hijos quedaron bajo el cuidado de su padre, quien pronto se hizo de otra pareja, una mujer pragmática que maltrataba a los niños.

En vista de los ultrajes sufridos por Óscar, Rodrigo y sus hermanos, decidieron buscar a su madre, quien, a su vez, vivía en unión libre y había engendrado cuatro hijos más. La situación se tornó crítica para la nueva familia: faltaban recursos, vivían hacinados, no había atención suficiente para los muchachos ni se establecieron límites en su conducta. El mayor de los hermanos comenzó a consumir cocaína, adicción que terminó con su vida.

Con la pérdida de su primogénito, Rosa Elena se sumió en su depresión y con una actitud despótica obligó a algunos de sus hijos más pequeños a tomar parte activa en el sostén económico de la casa. Desde los 13 años, Óscar comenzó a trabajar en labores que aportaron un modesto auxilio a la economía familiar. Fue cobrador de un microbús, ayudante en una microempresa dedicada a la renta de mesas y sillas, auxiliar de un comerciante en un tianguis. Pero fue en el taller mecánico de su padre donde tuvo su primer encuentro con el crimen. Hurtó algunos efectos personales que los clientes olvidaban en sus autos, sobre todo, dinero. Posteriormente robó autoestéreos, bocinas y equipo de audio. Enfrentó un proceso legal por robo de autopartes. Confesó su culpabilidad y obtuvo la plena libertad en virtud de su corta edad.

Óscar retomó su trabajo como cobrador de microbús. Ahí conoció a Iván, personaje que lo introdujo en el mundo del secuestro. La falta de dinero y la desesperación lo orillaron a integrarse por completo a una banda de secuestradores. Así fue como encontró una rápida solución a sus problemas. Al primer secuestro le seguirían siete más.

El dinero fácil tentó a sus familiares. Rodrigo, su hermano, quiso integrarse a la banda. *El Chino*, jefe del grupo delictivo, le explicó personalmente sus funciones al nuevo miembro. Sin embargo, la adicción a los enervantes, la falta de ética y la ausencia de compromiso, lo hicieron poco confiable para el desempeño de sus tareas.

Pronto, los vecinos se percataron de la conducta sospechosa de Óscar Daniel, rumores que llegaron a oídos de sus padres. Cuando lo confrontaron, el adolescente los invitó a participar en el negocio en calidad de cuidadores de las víctimas. Los adultos aceptaron, impulsados por la necesidad y la ambición.

Fueron los errores repetidos del jefe de la banda los que los llevaron al declive. La desconfianza creció entre sus miembros y se hicieron cada vez más frecuentes las fallas tanto en la planeación como en la ejecución de los ilícitos. *El Chino* fue detenido un par de ocasiones. En su último golpe, también fueron aprehendidos los principales implicados. Éstos delatarían a sus cómplices.

* * *

Eran las 6:30 de la mañana del 2 de julio de 2008, cuando Alan Darío Jiménez Torres, de 19 años de edad, se disponía a llevar a la escuela a su hermana Karina Itzel, de 11 años. Caminaban tomados de la mano hacia el garaje donde guardaban su auto, a cinco calles de su casa.

Abordaron su Chevy con rumbo al colegio cuando Alan Darío miró distraídamente un Volkswagen, Golf, estacionado unos metros adelante. Dos individuos con sudaderas blancas, pantalones de mezclilla y gorras de beisbol descendieron apresuradamente del vehículo. Hurgaron entre su ropa extrayendo pistolas tipo escuadra y apuntándolo con ellas se llevaron a Alan. La niña gritaba histérica en su violenta desesperación.

Kilómetros adelante, los jóvenes arrojaron a Alan al interior de la cajuela de un Jetta robado. A buena velocidad manejaron por una carretera, hasta llegar a la entrada de un zaguán, donde tocaron el claxon, en grados altos de excitación.

En la casa, propiedad de la señora Rosa Elena Olguín, los sujetos que luego fueron identificados plenamente por la niña como Rodrigo y Óscar Peña Olguín, interrogaron a su víctima. Querían el número telefónico de su progenitor, Darío Jiménez Prado, para ponerle precio a la vida de su hijo.

Satisfechas las demandas de los captores, Alan fue esposado y vendado de ojos, pies y boca. Asimismo, le fueron sustraídas sus pertenencias. Los plagiarios presentaron a su hermana ante la víctima: Ivonne Peña Olguín sería la encargada de alimentarlo y de asistirlo durante los 19 días que duraría su cautiverio.

Por su parte, Darío Jiménez Prado había denunciado la desaparición de su hijo. La policía iba tras los criminales. Darío no se mostraba nada complaciente frente a las llamadas de los secuestradores y éstos se pusieron nerviosos. Golpeaban al muchacho y lo torturaban psicológicamente. Le decían que se lo iba a cargar el demonio, visto que su mezquino padre no aflojaba los billetes. En el regateo, los malhechores se conformaron con 227 000 pesos que serían entregados sin demora en una maleta. El señor Jiménez Prado fue conducido entonces hasta un puente convenido por las partes. Ahí debía lanzar la maleta por la ventanilla del auto.

Todas estas acciones se desarrollaron con el conocimiento y la coordinación de la policía. Uno de los dos jóvenes secuestradores que acudió a recoger el dinero murió en el enfrentamiento. El otro logró escapar, se comunicó con Óscar y Rodrigo, que se encontraban en la casa de seguridad y les dijo que la "tira" iba por ellos.

Ante la adversidad, los Peña desataron a su víctima y le abrieron las puertas de la casa de seguridad para sacarlo, caminando. Lo condujeron hasta una banqueta, donde le exigieron que aguardara unos minutos antes de que se quitara la venda de los ojos. Después podía marcharse. La policía halló la casa y aprehendió a la familia de la señora Peña, quien delató a la banda.

Eloy Alberto Ornelas Cruz fue privado de su libertad por la misma organización a la que pertenecieron los hermanos Peña, el 13 de diciembre de 2007. Pudo identificarlos plenamente. Lo mismo ocurrió con Celerino Vázquez Villanueva, quien sufrió igual suerte, en marzo de 2008.

Salvador Flores Calixto y Armando Pedraza Guzmán, policías judiciales, fueron testigos de los hechos. En la resolución inicial del 24 de julio de 2008 se determinó lo siguiente: "Decretar la sujeción a procedimiento en internación sin derecho a la externación de los menores Óscar Daniel y Rodrigo Omar Peña Olguín por haberse acreditado el cuerpo de las infracciones de privación ilegal de la libertad en su modalidad de secuestro agravado y violación a la Ley Federal contra la Delincuencia Organizada". El 21 de agosto de 2008, en resolución definitiva, se determinó: "Por haberse comprobado el cuerpo de las infracciones a la Ley Federal contra la Delincuencia Organizada y diversos de privación ilegal de la libertad en su modalidad de secuestro agravado, y demostrarse la plena participación de los menores Óscar Daniel y Rodrigo Peña Olguín, se les decreta la sujeción a tratamiento en internación con una duración de cinco años". Contra tal determinación interpusieron recurso de apelación, el cual confirmó la resolución definitiva del 21 de agosto de 2008.

Los hermanos Peña Olguín han tenido una relación difícil, más allá de las duras experiencias vividas en común. A pesar del vínculo que los une, desde su ingreso a la Comunidad de Tratamientos Especiales para Adolescentes, e incluso desde mucho antes, rivalizan entre sí. Crecieron en el mismo ambiente, con las mismas personas y en el mismo entorno; con los mismos sueños, las mismas necesidades y frustraciones semejantes, pero no dejan de competir y de enfrentarse. Incluso fue distinta la forma como cada uno enfrentó la adversidad. Sólo el crimen los unió.

Importantes carencias afectivas hicieron que cada uno buscara el propio acercamiento con sus compañeros. Trascendiendo las barreras de la hermandad para involucrarse sentimentalmente con algunos de los asiduos a su círculo, Óscar, *El Elvis*, y Rodrigo, *El Lucas*, llegaron a ser opuestos. Con el tiempo, Rodrigo modificó su apodo. Pasó a ser *Lucrecia* al aceptar su homosexualidad.

* * *

Sobre una superficie de tierra y pasto ralo converso, uno después del otro, con los hermanos Rodrigo y

Óscar Peña Olguín, ambos secuestradores. Su madre los desdeñó de manera distinta, a cada uno a su modo. Rodrigo es atlético, y Óscar, enclenque. Óscar parece ganoso del amor, y Rodrigo también, pero de otra manera. Rodrigo lleva en el cuerpo las huellas de las charrascas. Con un rastrillo, como es usual en el centro, doblegó su piel y se provocó cicatrices indelebles. En la superficie de su epidermis quedan las huellas de una lesión que palpita con vida propia.

Las charrascas sobre el cuerpo en sus diferentes formas pueden ser seis, 10 o 12. En la calle cualquiera los puede identificar como hijos del encierro, y como sujetos peligrosos. Un policía tendría el pretexto perfecto para detenerlos, extorsionarlos y devolverlos a prisión.

Rodrigo confiesa su anhelo por la libertad. Nada como volver a gozar de la libertad, mirar a las personas, recorrer las calles, admirar las casas y las luces de la ciudad. Pero también revela su miedo a esa libertad. Teme el cruce de su vida futura.

Sin una mesa en la cual podamos apoyar una libreta de apuntes, sentados en sillas comunes y corrientes, ausentes las autoridades del modesto escenario, el diálogo de los hermanos con el periodista se torna conversación.

Rodrigo está por cumplir una sentencia de cinco años de reclusión en el Tutelar para Menores. Le falta un mes para recuperar su libertad. Se le imputaron delitos de secuestro, privación ilegal de la libertad y delincuencia organizada.

Sus palabras apenas tropiezan a lo largo de los 50 minutos de nuestra entrevista.

—¿En cuántos secuestros participaste?

—En cuatro. Fueron tres adolescentes y un hombre mayor de edad. Este último era un señor que trabajaba en la Central de Abastos. Lo hice por la ambición del dinero, y también por las chavas —Rodrigo se interrumpe. Observo sus labios apretados y entreabiertos simultáneamente, como los del nadador que se sumerge en el agua y vuelve a la superficie—. Pero, gracias a Dios, a los cinco años aún estoy aquí. Cambié mucho. Pensé. Espero ya no volver a robar, porque por esto perdí a mi familia y a mis amistades. Perdí mi juventud. Mi idea ahora es ponerme a trabajar y a salir adelante. Aunque no tenga para comer, yo prefiero pedir prestado.

—¿Cómo es el tiempo aquí, entre ustedes, en los dormitorios?

—Ha cambiado mucho. Antes se usaban los golpes, la "chicha", las humillaciones.

Explica que la "chicha" era despiadada. Tenía que ver con el aseo de los pisos, las paredes, los dormitorios y los excusados. Al recluso se le obligaba a realizar el trabajo con un trapo percudido, éste amarrado a las muñecas de las manos. Así no tienen movimiento por sí mismas. Todo el cuerpo hacía la "chicha". Es un modo de martirizar a los adolescentes. De la "chicha" se derivan algunas lagunas psiquiátricas.

—¿Los golpeaban?

—Un líder. Siempre va a haber un líder. O lo había. Ahora ya más o menos somos iguales. Pero todos hacemos el aseo. Convivimos. Antes, el líder te humillaba, te golpeaba permanentemente y ordenaba a los demás que te golpearan.

Rodrigo narra que, al ingresar al Tutelar, en 2008, en cada dormitorio había un "padrino". Así se identificaba al líder de un área determinada. A Rodrigo le tocó vivir bajo la sombra de *El Pancho*.

—¿Cómo era?

—Sabíamos que *El Pancho* era el chido porque él organizaba la "chicha".

Para librarse de la "chicha" algunos tenían que cubrir un pago de 15 000 pesos y pagar una cuota mensual de 2 000 o 3 000 pesos, en efectivo, o con tarjetas telefónicas. La ayuda solía llegar del exterior. Había ahí huellas de pandilleros y extorsionadores, posiblemente.

—O sea, se trataba de la "renta" que había que pagarle al padrino.

—Y si no... la "chicha", a costa de la salud y de lo que fuera, el martirio del cuerpo y las pesadillas bajo el sol o en la noche.

—Cuando llegaste, ¿cómo te recibieron?

—Muy mal. Para empezar, la "chicha". Después vinieron las humillaciones, la discriminación. A mí me humillaron porque no tenía a nadie que me visitara. Y se aprovechaban de mi aislamiento. "Paga lo que sea, un calzón o un pantalón", me decían. Y yo nada tenía.

—¿Te golpeaban mucho?

—Mucho. De eso aprendí bastante. El secuestro no deja...

De hecho, la familia Peña Olguín, completa, está recluida, acusada por un mismo delito: el secuestro. La madre y la hermana de Rodrigo permanecen en el penal femenil de Santa Martha Acatitla; su padrastro, en el Reclusorio Oriente. Óscar, el hermano menor de Rodrigo, ve pasar el tiempo en el Tutelar de Menores.

Dice Rodrigo:

—A mi madre y a mi hermana también las acusaron de complicidad, según dicen porque fueron a buscarme a mi casa y no me encontraron. Me hablaron al celular. "Entrégate y dejamos ir a tu mamá y a tu hermana", me dijeron. Ni siquiera lo pensé. La decisión era muy fácil. Mintieron. Las aventaron a la prisión.

—¿Cuánto duraba la "chicha"?

—Seis meses con las manos amarradas. Los siguientes seis meses ya te dejaban usar un cepillo con un palo.

—¿Cuánto tiempo lavabas y cepillabas?

—Yo lo hice un año y dos meses, todos los días, tres veces al día. De seis a siete de la mañana, de una a dos de la tarde, y de nueve a diez de la noche.

—¿Y si no hacías la "chicha"?

—Me golpeaba el padrino. Nos convenía hacerlo porque no nos gustaban los golpes. Pero aunque no la regáramos, de todos modos nos daban unos trancazos. Que si estaba sucio mi pants, que si había cabello en el suelo. Por muchas cosas.

—¿Te lastimaron hasta el desvanecimiento?

—Supe salir adelante. Ya lo dejé en el olvido.

—¿Te torturaron?

—Dos o tres veces. No pasó a mayores. Tengo las heridas —Rodrigo inclina la cabeza hacia el sitio en el que me encuentro. Observo las cicatrices en su cabello negro, casi al rape—. Me daban tubazos en la cabeza. Era normal. Uno llega a acostumbrarse. Yo me había hecho tres charrascas. Cuando llegué era la ley. Tenías que hacerte una cada tres meses. La mayoría te las marcas en los brazos. Al que no se las hacía, lo obligaban. Ahora se las hace sólo el que quiere.

—¿Y lo quieren muchos? —le pregunto, pero no obtengo una respuesta clara.

Sin embargo advierto que son muchos. Priva una especie de tradición y las costumbres se dan porque perduran. Es un modo de ser.

Tres charrascas eran la marca para toda la vida de un interno que ya había salido del encierro. Son tres rayas horizontales hechas como cicatrices gruesas y horripilantes en la piel. Rodrigo intentó disimularlas con una cortada vertical que completa la letra "E". La letra "E" está calada en la misma herida con una navaja de rastrillo.

—¿Cómo fueron los secuestros en los que participaste?

—El más importante fue el primero. En el que me tocó ir a cobrar. Fue el más riesgoso.

—¿Cómo empezó todo?

—Yo me drogaba con PVC, que es inhalante. Se me hizo fácil hacerlo. Me ofrecieron mucho dinero. Para mí mucho dinero eran 50 000 o 100 000 pesos. Era un chingo. Pero sólo era para 15 días. Empecé cuidando a la víctima. Era un chavo que tenía como 19 años. Su papá era dueño de 15 farmacias y su mamá tenía un buen trabajo. Yo lo cuidaba, pero aún no sabía muy bien cómo estaba el movimiento. Tenía otros dos compañeros: uno era mi hermano, y otro, que ya se fue. Entre los tres cuidábamos al chavo aquel. Ya cuando nos pagaron, a los 15 días llegó el chido. Nos preguntó quién se sentía apto para llevar a cabo una misión. Yo alcé la mano para quedar bien. No sabía en lo que me metía. Quise echarme para atrás, pero ya no pude hacerlo. Ya estaba ahí. Fuimos a cobrar a la Virgen, bajando el puente de Santa Martha, rumbo a Puebla. Esa vez me correteó la "tira" pero, gracias a Dios, salí limpio y de ahí me empezaron a jalar con más frecuencia. Eso era lo más importante para mí. A partir de entonces ya no trabajaba tanto. Me convertí en el "volante", el que transporta a las víctimas o a los líderes de la banda. Íbamos a otros estados a hacer las llamadas o a cobrar.

—¿Sentías compasión por el secuestrado?

—Fíjese que sí. Los líderes me decían que le diera en la madre y más para enviar su foto a los familiares y nos pagaran pronto. Yo decía que sí, pero no le pegaba. ¿Sabe qué hacía? Le pintaba la cara con maquillajes de mis hermanas. Que si el moretón morado, que si la sangre roja. Luego le vendaba las manos y enviábamos las fotos para hacer pensar a su familia que le habíamos cortado los dedos.

—¿Qué pasó con el secuestro de Rubén Omar Romano? —pregunto súbitamente.

—Yo trabajé con esa gente, pero a él yo no lo cuidé ni nada. Yo apoyé a los que lo secuestraron. Lo que sí supe fue que... —Rodrigo se interrumpe. Algo se le atora. No me mira. Sus ojos están en otro lado—. No sé bien qué problemas tenía Romano con los de la banda —calla, e inmediatamente vuelve a hablar—: No lo sé muy bien, pero mis amigos lo secuestraron. Y ya cuando yo entré, empecé a preguntar y ellos me empezaron a platicar que lo habían raptado porque le había hecho un agravio a alguno de nosotros. No sé qué pique traían; pero por eso lo secuestraron. Yo creí que lo habían matado.

—¿Quiénes participaron en el secuestro? ¿Fueron personas de fuera o de dentro del reclusorio?

—De afuera.

—¿De adentro, nadie?

—Nadie.

No agregó nada más sobre el caso de Romano. Di por agotado el tema. O no sabe más o no quiere decir más.

Rodrigo habla del último secuestro en el que participó:

—El jefe de la banda la regó un poco. Y como yo tenía antecedentes de que lo andaban buscando, pues ¡tómala!

—¿Cuánto tiempo retuviste a la víctima?

—Ese fue el que más duró secuestrado: 19 días. No lloraba, pero tampoco comía y siempre estaba tembloroso. Preguntaba todo el tiempo: "¿Qué me va a pasar? ¿Qué me van a hacer?" Eso era todo.

—¿Te dejaban mucho dinero los secuestros?

—No. El que más me dejó fue como 80 000 pesos. El más barato fue el de 6 000. Y ése estuvo que para qué le cuento...

—¿Qué pasó?

—No pagaron todo completo. Nomás completaron 108 000 pesos. El secuestrado tenía como 28 años y no lo quisieron matar. Si lo matan hubieran perdido más.

—¿Qué hacías con el dinero que te pagaban?

—Drogas, amigos, amigas. Nunca le saqué provecho a ese dinero. Hay un dicho que dice: "Dinero mal habido, dinero mal vivido". El dinero no dura —Rodrigo vuelve a su vida—: Yo era un chavo muy tranquilo. Vivía con mi mamá, pero no me gustaba la escuela. Mi papá se separó de mi mamá. A él le gustaba mucho el alcohol y le pegaba mucho a ella. Nosotros no queríamos eso y mi mamá le puso una demanda. El juez nos dio a escoger con quién nos queríamos quedar y elegimos a mi mamá. Mi papá mandaba dinero que mi mamá ocupaba para comprarnos ropa, pero él siempre pensaba mal. Como ella ya tenía una nueva pareja, mi jefe creía que le daba todo el dinero. Así que un día llegó a la casa de mi mamá, en Iztapalapa, y nos llevó con él. A la fuerza, sin preguntarnos. Al principio nos trató como marajás, como todo un papá, hasta que se juntó con Martha Leticia. Nunca la voy a olvidar. Nos trató bien como dos semanas. Después fue un infierno que duró cuatro años.

—¿Qué te hacía?

—Me humillaba y me maltrataba; me golpeaba con las cucharas y con los sartenes; con cables y con cinturones. Cuando mi papá se iba a trabajar nos trataba como sirvientes. Éramos cuatro hermanos viviendo así, dos mujeres y dos hombres. Fue pasando el tiempo y tomamos la decisión de irnos de su casa y buscar a mi mamá en Iztapalapa. En ese entonces no sabíamos cómo andar en la ciudad. Subimos al metro y, preguntando, dimos con la casa de mi madre. Mi mamá nos llevó a la Villita y se portó buena onda porque nos devolvió con mi papá para que aclaráramos la situación. Mi papá nos dijo muchas cosas que nos lastimaron. Decía que éramos unos pinches mugrosos. A partir de entonces yo me metí a trabajar con un tío que es delegado de los tianguis. Estuve casi cuatro años de su mano derecha. Pero se me hizo fácil meterme a una ruta de microbuses, a la 37. Ahí empecé a conocer a mucha gente. No me drogaba. Pero el 4 de mayo de 2007 falleció mi hermano, uno más grande que yo, de sinusitis. Yo me sentía culpable porque nunca le quise dar dinero para su droga. Porque si lo hubiera hecho, él seguiría vivo. Me dolió mucho. Y me ganó la tentación de probar el PVC. Me gustó. Así empecé a conocer más gente. Me empecé a relacionar con muchas bandas. En una me propusieron que empezáramos a secuestrar. Y yo dije: va. Se me hizo fácil y así fue como pasó todo lo de los secuestros. Ahora que mi mamá está en Santa Martha, mi papá dice que todo lo que yo hice fue por culpa de ella. Yo le escribí una carta para decirle que no fue culpa de mi mamá, sino de él. Porque si hubiera querido, me habría dado el apoyo que yo necesitaba. Pero mi papá no lo ve así. Hasta la fecha yo le hablo a él, pero como que él lo piensa mucho para hablarme a mí. Cree que sigo siendo el mismo de antes.

—Vas a salir en 40 días. ¿Imaginas tu libertad?

—Me da miedo. Voy a ver una patrulla y me voy a poner nervioso. Uno queda ciscado. Ahora siento que por cualquier cosita me van a devolver a prisión. Nos ha pasado. A mi hermano una vez lo confundieron con una persona que había violado a una chava y que lo refunden en el Reclusorio Oriente. Se aventó dos meses allí, sin deberla, hasta que se aclaró que era inocente. Tengo miedo, miedo de que me confundan.

Óscar Peña Olguín

Óscar cuenta con minucia el tiempo que ha permanecido en prisión. Lleva cuatro años, 10 meses y 18 días. Le falta poco para obtener su libertad. Su rostro es parecido al de su hermano Rodrigo. Purgan la misma pena por secuestro y delincuencia organizada.

A diferencia de Rodrigo, no trae charrascas.

—No quise —dice.

—¿Por qué, si casi todos quieren hacérselas?

—Ellos lo hacen por gusto, para recordar que estuvieron aquí. Era ley y se volvió costumbre. A mí eso no me gusta. No quise hacérmelas.

Frente a su hermano, atlético, alto y charrasqueado, él se ve pequeño y débil. Más hacia adentro que hacia afuera, la timidez cohíbe su inteligencia.

—¿En cuántos secuestros participaste?

—En tres.

—¿Cómo empezaste?

—Primero fueron las amistades. Después se me fue haciendo un asunto de ambición.

—¿Cómo te contactaron?

—Yo manejaba un microbús. Estaba muy chico, pero me daban chance. Ahí me contactaron los mismos que contactaron a mi hermano. Al principio me preguntaron si quería hacer dinero. Te lo platican diferente. Te dicen que vas a trabajar con un enfermo, que los ayudes a cuidarlo. Después te vas dando cuenta de que no es así, que se trata de un secuestro.

—¿Cómo te fue con tu primer secuestrado?

—Era un señor como de 36 años. Estaba acostado. Yo no tenía contacto con él porque permanecía en un cuarto y yo sólo vigilaba que no saliera. No lo vi hasta que se acabó el secuestro. Era un cuartito de dos metros de largo por uno de ancho. El señor apenas podía pararse y sentarse. Así estuvo 13 días.

—¿Piensas que ese señor sufría mucho?

—La verdad yo no lo veía. Al principio no me gustaba ver lo que pasaba. Prefería no verlo, no quería tocarme el corazón. Me daba pena. No me gustaba la persona que era yo portándome así.

—¿Tus compañeros lo veían?

—Ellos entraban y le hablaban a su familia. Hacían la negociación y todo eso. No lo lastimaban, ni para que les dijera a sus parientes que ya pagaran.

—Cuéntame de tu familia.

—Mi mamá es muy buena persona. Claro, ahora está presa en el Reclusorio de Santa Martha.

—¿Por qué?

—Por cómplice de secuestro.

—¿Y tu papá?

—No tengo contacto con él. Ni me interesa.

—¿Qué vas a hacer por tu mamá y por tu hermana cuando salgas?

—Echarle un chingo de ganas para sacarla adelante. Me da para abajo que mi mamá esté allá adentro. Pero no voy a resignarme. Quiero conseguir un buen trabajo. Me preocupa mi mamá.

De su hermana, Óscar habla sin intensidad. La que le importa es su madre.

—¿Te sientes culpable de que estén presas por lo que hicieron juntos?

—A la vez sí y no. Sí, porque yo fui el que empecé, antes que mi hermano. Y no, porque la verdad es que mi mamá ya era una persona mayor y yo era un chamaco. Era para que ella me hubiera dicho que lo que hacía no estaba bien. Pero también aceptó participar.

—¿Qué hacía tu mamá en los secuestros?

—Preparaba la comida y prestaba la casa.

—¿Y tu hermana?

—Mi hermana sí no tiene nada que ver. Nada. Y sin embargo también la inculparon. Acababa de tener una niña cuando la aprehendieron. A su hija se la dieron a la suegra. Mi hermana me duele. Pero siempre he dicho que mi objetivo, mi debilidad y mi fortaleza, mi meta, es mi mamá. Hasta el día de hoy, en estos cinco años, mi mamá está presente en todos mis pensamientos. Claro que lo que hicimos no está bien.

—A tu mamá, ¿cuánto le pagaban?

—La verdad, nos daban una porquería. A ella le pagaban 5 000 pesos por prestar la casa y por hacer de comer.

—Y los líderes, ¿cuánto ganaban?

—El día que me agarraron yo escuché conversaciones, que fueron grabadas, y supe que cobraban entre un millón y un millón y medio de pesos. Siempre se llevaban arriba del millón. Si cobraban 1 400 000, repartían los 400 000. Ellos dos se quedaban siempre con 500 000 y 500 000. A mi mamá sólo le daban 5 000.

—¿A ustedes los utilizaban? ¿Eran carne de cañón?

—Sí.

—¿Tú contactaste a tu hermano para que participara en los secuestros?

—No. Fueron las mismas personas que me contactaron a mí. Buscan a personas que se conozcan entre sí para hacer ese tipo de cosas.

—¿Le temías a las patrullas?

—No. Viví un buen tiempo en la calle. La conozco bien. Siempre he sabido qué es bueno y qué es malo.

—Entonces, ¿por qué hiciste lo que hiciste?

—Al principio fue como una terapia. Después ya no podía salirme. Me daban mi dinero, pero ya era a fuerzas estar ahí.

—¿Te gustaba lo que hacías?

—No me gusta.

—¿Cómo te agarraron?

—En Santa Cruz Meyehualco, Iztapalapa, durante un cobro. Me hablaron para que sacara al secuestrado porque el negocio había valido gorro. Lo saqué y lo dejé libre. Pero cuando llegué a mi casa, vi muchas patrullas, muchos agentes de la AFI. Sentí miedo. Entonces me fui al tianguis de la 10 de Mayo. Entonces mi mamá me llamó y me preguntó: "¿Dónde estás? ¿Te puedo ir a recoger?" Le dije que estaba en el tianguis. Me dijo que iba para allá. Llegaron muchos agentes de la AFI. Me preguntaron si era Óscar Peña Olguín. Les dije que sí. Entonces me soltaron muchas groserías, me sometieron y me subieron a la patrulla. Hice como que no sabía nada, pero ya estaba yo *puesto*.

—¿Te *puso* tu mamá?

—La obligaron a que me entregara. Le dijeron que me dijera que ella iba a ir por mí para que no me diera a la fuga.

—¿Y la viste cuando estabas detenido o ya no la pudiste ver?

—Sí la vi.

—¿Qué te dijo?

—Nos pusimos a llorar los dos. Hasta la fecha nunca he hablado con ella de esto. No me atrevo a hablarlo. Me dan permiso de ir a verla una vez al mes.

—¿Tienes miedo de que te maten?

—Sí.

—¿Quiénes?

—Las partes acusadoras, los familiares de los secuestrados, o mis propias causas, por envidia de que ya pronto estaré libre.

—¿Conoces a los familiares de tus secuestrados?

—No. Pero ellos a mí, sí. Siguieron todo mi proceso. Vinieron a verme sus abogados. Venían a ver cuándo me iba. Tenían mucho interés por saber cuándo salía. Querían que les firmara hojas, declaraciones. Yo nunca firmé nada.

—¿Qué vas a hacer cuando salgas?

—Yo en un futuro me veo con mi esposa, con mi hijo, teniendo mi casa y mi carro. Siendo muy trabajador.

—¿Conocías los nombres de los secuestrados?

—De uno, sí. Era un chavo de 23 años.

—¿De dónde eran sus secuestrados?

—La mayoría de Santa Martha, de Polanco. Personas de dinero.

—¿Supiste algo del secuestro de Rubén Omar Romano cuando estuviste afuera?

—Supe que lo habían secuestrado. Incluso conocí la casa donde estaba cautivo, pero no más.

—¿Cómo era la casa?

—Muy grande y muy oscura. Parecía como si viviera ahí una familia. Me acuerdo que cuando entré me decían que agarrara lo que quisiera. Había muchas balas, chamarras de piel, pistolas, muchos perfumes de hombre, cadenas de oro, monedas de 100 pesos de las de antes, billetes de 10. No me llevé nada. Lo que más había eran figuras de la Santa Muerte. Y muchas canastas de dulces. Muchas.

—¿Y Romano estaba en la parte de arriba o abajo?

—Abajo, en un cuarto hasta el fondo, grande. Él solo. Enfrente estaban las personas que lo cuidaban. Eran varias. Siempre había alguien en la puerta para que Romano no saliera.

—¿Y supiste de alguien que estuviera en un reclusorio que diera las órdenes desde ahí?

—No. Eran puras bandas de afuera.

—¿Por qué crees que secuestraron al entrenador?

—No tengo idea.

—¿Participaste en su secuestro o nada más fuiste testigo?

—Fui a la casa donde lo tenían. Sí tuve contacto con dos o tres personas que lo secuestraron, dos señores, pero por seguridad no les podía preguntar nada porque podían pensar que usaba la información para que los atraparan. Por seguridad ellos no me decían nada y yo no les preguntaba nada.

—¿Sabes si les pagaron mucho por liberar a Romano?

—No. Ese secuestro no se cobró.

—Entonces, todo el escándalo que salió en la televisión, ¿fue puro rollo?

—Puro rollo.

—¿Por qué?

—Los que yo conocí me dijeron que no se cobró nada. A la fecha ellos están prófugos. Pero no se cobró nada.

—¿Y eso que salió en la televisión de que los responsables eran internos del Reclusorio de Santa Martha?

—Puro rollo para hacer escándalo. Yo me imagino que fue para hacer fama del entrenador.

—¿Pero lo trataban bien?

—Cuando lo vi en la televisión, en el momento en que lo estaban rescatando, vi el cuarto todo oscuro. Por eso digo que no lo trataban bien porque ese cuarto estaba en malas condiciones. Hasta el día que yo entré, su cuarto olía bien feo, como a mucho sudor, a cerveza… A mucha adrenalina. Por las condiciones en que estaba el cuarto y todo lo que yo encontré en esa casa, que yo vi, ya habían tenido muchos secuestrados en ese lugar.

—¿Cuánto tiempo duró Romano secuestrado?

—La verdad no recuerdo.

***

Unas horas después de la muerte del Secretario de Seguridad Pública foxista, Ramón Martín Huerta, el 21 de septiembre de 2005, Televisa transmitió la espectacular liberación de Rubén Omar Romano, director técnico del Cruz Azul, secuestrado durante 65 días.

Los funcionarios esperaron la llegada de las cámaras de televisión para presentar al entrenador argentino. El entonces director de la AFI, Genaro García Luna, declaró a *Proceso* "haber arribado a la casa de seguridad casi un día previo al operativo donde se había detectado gran movilidad del grupo delictivo, por lo que existía la presunción de que pretendían mover a la víctima".

García Luna negó que la liberación de Romano tuviera vinculación mediática con el accidente en el que pereció Ramón Martín Huerta. Sin embargo, admitió que la "prepararon" unos momentos antes, para que apareciera ante las cámaras de televisión (*Proceso*, núm. 1508). El espectáculo en torno a la liberación de Romano precedió a lo que dos meses y medio después ocurriría con el montaje transmitido en la pantalla chica, el 9 de diciembre de 2005, con motivo de la detención de Israel Vallarta y Florence Cassez, y la liberación de sus presuntas víctimas.

Edson

Edson lleva tres años recluido en el Tutelar para Menores. Le faltan 10 meses para cumplir su condena.

—¿Cómo era esto cuando llegaste? ¿Cómo te trataban?

—Mal. Antes había muchos líderes y mucha más violencia. Llegué a una sección que era el Patio Dos. Ahí me acomodaron con chavos que estaban por el mismo delito que yo cometí.

—¿Por qué delito estás aquí?

—Homicidio.

—¿Cómo ocurrió?

—En una riña campal.

—¿Tú mataste?

—No. Yo no fui. Era otra banda de chavos contra nosotros. Y los de mi banda mataron a uno de ellos. Pero la demanda la hicieron contra todos nosotros, contra la banda. Pero yo no lo maté.

—¿Y con qué lo mataron?

—A golpes. Puñetazos y patadones.
—¿Tú participaste en la golpiza?
—Sí, sí participé. Estaba drogado.
—¿Y a ti te golpearon salvajemente?
—Pues sí.
—¿Dónde?
—Donde cayera.
—¿Y te arrepientes?
—Sí me arrepiento. Ya llevo un buen rato aquí por eso —sigue contando, sin respiro—. Cada quien busca la manera de que esto pase más rápido. Para eso están los talleres, las actividades. Yo voy al futbol, a la escuela. Para que se pase más rápido el tiempo.
—¿Cómo te hiciste esa rajada en el ojo derecho?
—Esa me la hice cuando estaba en un "aíslo" (soledad, oscuridad, traumas). Cuando te portas mal te llevan ahí y te dejan un rato para que no andes haciendo despapaye.
—Cuando llegaste, ¿cómo te recibieron?
—Me pusieron a hacer la "chicha". Hacía lo que me tocaba, lo que me decían que me correspondía.
—¿Y si incumplías…?
—No te dejaban pasar al baño. Yo llegué con la nueva ley. Ya no había golpes. El tiempo que he estado aquí el trato ha sido bueno.
—Tienes seis cicatrices hondas, las charrascas. ¿Por qué?

—Me las hice con una navaja de rastrillo. Es un símbolo para que te identifiquen que estuviste aquí. Yo tengo seis porque este es mi segundo ingreso. El primero fue en el Consejo Tutelar de Menores de Obrero Mundial.

Sus papás van a visitarlo cada ocho días. Su madre se llama Imelda. Su padre, Gabriel. Tiene un hermano de 17 y una hermana de 14 años. Hasta ahora, viven juntos.

Víctor Manuel Manjarrez Granados

Víctor Manuel está preso por secuestro y homicidio, delitos que perpetró en octubre de 2008. Le faltan cuatro meses para cumplir su condena.

—¿Cuántos secuestros cometiste?
—Uno.
—¿Y cuántos homicidios?
—También uno. La misma persona que secuestramos.
—¿Entre cuántos la secuestraron?
—Entre cinco.
—¿Y ya te portas bien?
—Más o menos.
—¿Por qué te charrasqueaste tanto los brazos?
—Por el tiempo. Era la ley —repite—: era la ley...

Víctor Manuel ya perdió la cuenta de las charrascas que tiene en su piel. También luce en el brazo una esvástica. La cruz siniestra está formada con la cicatriz del cuerpo rajado. También se marcó la cara. A punta de navajazos.

—¿Por qué en la cara?

—Nomás. Antes se daba mucho charrasquearse la cara.

—¿Cómo fue el secuestro?

—Ya lo tenían planeado. A mí me mandaron por él. Era un adolescente. Me dieron una dirección, todo. Fuimos tres por él. Cuando lo vi *puesto*, me bajé del auto y lo tiré con un cachazo en la cabeza. Hice que se desmayara. Así salimos corriendo hacia el coche con el chavo en brazos.

Dicen los papeles de Manjarrez Granados que los secuestradores lo llevaron a una casa de seguridad en Chimalhuacán, Estado de México.

—Pidieron el dinero. Y pagaron. Pero a uno de mi causa, con el que vengo, se le ocurrió descubrirle la cara y el secuestrado lo vio. Y cuando lo vio, yo le dije que no quedaba otra más que matarlo. Y fue cuando lo matamos.

—¿Tú lo mataste?

—Sí.

—¿Cómo lo mataste?

—Con un balazo en la cabeza.

—¿Lo mataste porque te había visto?

—También había visto a un compañero. Lo tuve que matar.

—¿Lo mataste ahí mismo, en la casa de seguridad?
—Sí. Luego lo llevamos a tirar a unas barrancas, por el Estado de México. Ahí lo aventé.
—¿Cómo te agarraron?
—Atraparon a mi causa llevando a cabo otro secuestro. Pero yo no tenía nada que ver en ése. Lo agarraron, se le hizo fácil y me *puso*. Y fueron por mí a mi casa. Se llevaron a mi papá también. Ocurrió que mi papá iba conmigo y los judiciales comenzaron a pegarme. Mi papá no los dejó y empezó a trompearse con ellos. Y pues también lo subieron al camión del secuestro.
—¿También lo acusaron por secuestro?
—Sí.
—¿Y no había hecho nada?
—Nada. Nos metieron a la delegación y ni Derechos Humanos se metieron a vernos. Nada. Nos llevaron a la 57. Somos yo, mi mamá, mi papá y otros dos.
—¿Todos acusados de secuestro?
—Sí.
—¿Y a tu mamá por qué la involucraron?
—Se le hizo a mi causa... Lo engañaron diciéndole que si *ponía* a otras personas más a él lo iban a dejar libre. Y *puso* a mi mamá y a otro valedor.
—¿Y ya sentenciaron a tu mamá?
—Sí, a 60 años.
—¿Y a tu papá?
—Igual.

—¿Dónde está tu papá?
—En la Penitenciaría.
—¿Y no tuvo nada que ver?
—No.
—¿Qué vas a hacer cuando salgas de aquí?
—Todavía no sé qué voy a hacer. Tratar de llevármela tranquila y buscar un trabajo. Y echarle ganas. Quiero ir a ver a mi mamá. Y apoyarnos.
—¿Cuántos años tiene tu papá?
—Tiene 42. Lleva cuatro años siete meses en la cárcel, y ya no va a salir nunca.
—¿Tú preferirías quedarte aquí?
—No. Está feo aquí.

Manjarrez Granados se crispa.

—¿Qué está feo? ¿Te asusta?
—Está feo.
—Conoces la calle... Saldrás.
—A veces siento que no hay razón para cruzarla. Me parece que algo en ella se contrae.
—¿No estarías mejor acá, terreno que ya conoces?
—Pues no.
—¿Tienes remordimiento por haber matado?
—Pues no. La verdad, no. Era mi trabajo.
—¿No te arrepientes?
—Era mi trabajo.

***

En el número 4886 de Periférico, colonia Gualupita, delegación Tlalpan, se ubica la Comunidad para Mujeres. La fachada del edificio es larga y monótono su amarillo vetusto.

Desde el umbral, la cárcel impone con sus puertas de hierro, sus alambradas, alineados los policías uniformados y algunas custodias, todos con el fusil al costado.

En el centro del patio, acompañado de Hazael Ruiz, me vi envuelto en un ambiente de cordialidad. La directora, Claudia Navarro Castillo, una joven mujer de pantalón negro y blusa roja, no bonita sino muy bonita. La belleza de las mujeres es un misterio. Me abrazó como a un amigo cercano. Una señora se aproximó al sitio en que nos encontrábamos y me extendió la mano. "Soy hija de Leopoldo Zea", me dijo. Recordé a mi viejo maestro de filosofía, de lenguaje indescifrable. Hablaba como si tuviera un chicloso en la boca. Al doctor Zea había que leerlo. La directora de vigilancia, en estricto uniforme carcelario, se unió al grupo y así otras personas. Las internas andaban por ahí, de uniforme escolar, las faldas grises o de cuadros, las medias negras hasta las rodillas, los zapatos negros ajustados con una cinta delgada en el talón. Una lona blanca cubría del sol de mediodía el escenario donde se llevaría a cabo una obra de teatro organizada por el Conaculta.

Una mirada horizontal no encontraría trabas para disfrutar del encantamiento que transmitía el lugar. Sin embargo, esa sensación quedaba anulada en cuanto la mirada se levantaba: imbatibles los muros de seis metros de altura y los alambres de púas que traspasaban el cuerpo.

Recorrí el centro. Los dormitorios cuentan con literas de colchones altos, sábanas limpias y cobijas ligeras. Las adolescentes se alegran con juguetes, sobre todo osos de peluche ordenados en el suelo o fijos en las paredes. Los baños son impecables, así como la enfermería y un reducido espacio destinado a las madres adolescentes y a sus hijos que suelen ser bebés. En el cuarto hay un televisor y se observan diminutas manos marcadas con las que las madres reviven las imágenes de sus criaturas.

Sobre una superficie irregular de pasto mustio, a unos metros de una pequeña portería de futbol, conversé con algunas menores delincuentes. A cada una le pregunté si aceptaba que nuestra conversación a solas fuera grabada. Todas aceptaron.

La primera fue Mitzi Jocelyn Campeche Cordero, de rostro plácido y expresión bondadosa. Me miró a los ojos sin esfuerzo. Había paz en su mirada. La imaginé en la escuela entre semana, los sábados en Chapultepec y por las noches en clases de baile o en las fiestas.

—Dígame, señor —me dijo.

—¿Por qué estás aquí? —le pregunté.

—Estoy aquí por feminicidio.

Adiviné en su actitud un instintivo sentimiento de rebeldía.

—Cuéntame, si quieres.

A unos centímetros de mí, con la grabadora entre los dos, me dijo:

—Pues a las primeras horas de que nació mi bebé lo maté con un cuchillo —sin que la expresara, supo de mi pregunta silenciosa—. Hasta ahorita no sé cuál fue el motivo exacto. Pero en ese momento yo tenía mucho miedo. Mucho miedo de ser madre, de tener una responsabilidad tan grande, de que todos mis planes se derrumbaran. Como que eso era en aquel momento. Entonces me dije: "Chale, todo se viene, todo se derrumba y así no". Como que no estaba preparada.

—¿Cómo era tu familia, Mitzi?

—¿Mi familia? Mi papá murió en 2009. Nada más vivía con mi mamá. Vivía con mi mamá y nada más. Mi familia es como una... No cuento con toda mi familia. Mi familia es mi mamá.

—¿Querrías decirme algo del papá de tu criatura?

—Fue muy difícil. Lo concebí por causa de una violación.

—¿Pensaste en abortar?

—No aborté porque al principio... Bueno, sí, mi intención era abortar, pero creo que la manera en que quise abortar no fue la adecuada. Quise abortar con hierbas y así no funcionó. En una ocasión le pregunté a un amigo si había posibilidades de hacerme un aborto. Él me dijo que el aborto no estaba legalizado —Mitzi y yo caemos en un silencio que parece concertado; ella recuerda, yo espero—. Mi intención no era matarlo, sino darlo en adopción. Pero fue un momento... Llegó muy rápido, muy precipitado. Nunca pensé. Según yo, me aliviaba en julio, el 24, pero me vengo aliviando el 10. Fue así como muy duro, porque no quería decepcionar a mi mamá. Dije: "Chale, no". Como que vinieron muchas cosas. Fue un arranque de ese momento. No era mi intención matar a mi bebé.

—¿Te arrepientes?

—Mucho. Cada mañana que me levanto... ¿Cómo hubiera sido mi vida con ese bebé? Porque ahorita estoy viviendo la vida sin nadie, sólo con mi mamá. Pero, ¿qué hubiera sido con un bebé y estando allá afuera? Es lo que me pregunto mucho, si él no hubiera muerto.

Ariana

Ariana Basurto López ingresó al reclusorio femenil a los 17 años. Ahora tiene 20 y ahí sigue. Se ve sobrada de peso, sobrada de juventud y sobrada de pena. Decido tratarla como lo que es: una mujer mayor de edad.

—¿Extrañas a algún muchacho?

—Sí, pero aquí no están permitidas esas visitas. Aquí no nos dejan.

La sexualidad entre adolescentes hoy es un hecho desbordado. Las madres niñas se multiplican. De una de las paredes del departamento en el que vivo cuelga una litografía de David Alfaro Siqueiros, "La Madre Niña", que data de 1957. A pocos sorprende mirar en la calle a criaturas hasta de 12 años con niños a cuestas, amarrados éstos con un rebozo para que ellas puedan conservar las manos libres y pedir limosna.

Pienso en la represión que padece Ariana. Por fuera, la cárcel. Por dentro, otra cárcel. Y en el futuro, año y medio más de un encierro que le cierra la vida con doble candado.

Me llega una voz sin altibajos:

—Homicidio.

—¿Me quieres contar?

—Al principio ocurrió porque yo salía a fiestas. Una vez me invitaron a un convivio, ¿no?, al que fui. En el convivio estaba un señor ya grande, como de 45 años, que vendía droga y ese día... —miro a los ojos de esta mujer y mis ojos resbalan a la nuez de su garganta: algo se le atora—. En Tláhuac, en la delegación Tláhuac. Estábamos en la fiesta y pues todo el día convivimos, ¿no? Al siguiente día, al despertarnos, estábamos en su casa, ¿no? Y de ahí ese señor no nos dejaba salir.

—¿A quiénes no dejaba salir?

—A otra chava y a mí.

—¿Conocían a ese señor?

—Más o menos.

—¿Permanecieron en la fiesta por voluntad propia o no?

—Sí.

—Por voluntad propia.

—Sí.

—¿Cuántos años tenías?

—Dieciséis.

—¿Y tu amiga?

—Diecisiete.

—Él, ¿qué hacía?

—Vendía droga. Adentro se drogaban. Le iban a empeñar cosas y así. Nosotras no íbamos con la intención de nada. Él se drogaba; hacía los chochos. Estaba como loco ese señor y no nos dejaba salir cuando quisimos irnos. Estuvimos ahí como una semana y media.

—¿Secuestradas por él?

—Es que también había otro, el que llevaba la droga.

—¿Abusó de ustedes?

—De mí no. De la otra chava, sí. Ya cuando pasó la semana y media entraron dos amigos de nosotras a comprar droga y nos vieron ahí. Ese día en la noche pedimos de cenar. El señor se puso al lado mío y cuando se iba a parar a inhalar sus chochos, se le cayó la pistola. Entonces yo me paré, tomé el arma y disparé.

—¿Te arrepientes?

—No. Y no es que yo sea mala persona o que me enorgullezca de lo que hice, pero ya eran muchas cosas las que me hacía. No sé. Ya tenía demasiado coraje por esa persona.

—¿Lo volverías a hacer?

—No, es que... Hasta ese día agarré una pistola. Fue muy inesperado. Ese día fue más la impotencia de todo lo que me había hecho. Porque yo estaba bien mal. Ya no aguantaba más, porque esos abusos eran todos los días, en la mañana y en la noche. Cada que se le antojaba o cada vez que yo no quería hacer algo, me pegaba. Entonces me entraba la desesperación. Pero no lo volvería a hacer.

NADIA

Los ojos oscuros de Nadia Harume Bautista Carrizal miran con la paz de un verde claro. Veo el óvalo de su cara, perfecto, y unos labios delgados en armonía con ese rostro. Nadia es bonita, y se ve tan tranquila, que pregunto a medias sorprendido de saberla en la cárcel:

—Y tú, ¿qué haces aquí?

—Secuestro.

—¿Secuestro?

—Yo no fui.

—Entonces, ¿quién fue?

—Fueron mis amigos.

—Cuéntame.

—Fue el 14 de diciembre de 2010. Ese día uno de mis amigos me dijo que iba a ir a cobrar un dinero a un señor. Fuimos. Yo lo acompañé. Cuando llegamos a la casa de aquel señor, a leguas se notaba que conocía a mis causas, a mis amigos. Empezaron a platicar. Mi amigo le enseñó unos papeles de dinero que debía el yerno del señor, que era un diputado.

—¿Cómo se llama?

—Ahora ya es senador. Es Armando Ríos Piter, perredista. Él les debía dinero a mis amigos, pero ellos le cobraron al suegro. Mi denunciante es él. Dice que cobrarle a su suegro es un delito. Se cobraron a lo chino, es decir, que pagaron justos por pecadores.

—¿Cómo le cobraron al suegro?

—Le enseñaron los papeles. Yo me salí de la casa porque me dijeron que me saliera. El señor les dio el dinero, pero de todos modos se lo llevaron a otro lado. Yo no vi cuándo se lo llevaron. Yo no sabía nada.

—Secuestrado. ¿Se lo llevaron a otro lado?

—Yo estaba en el auto de enfrente y no vi cuando se lo llevaron.

—¿Cuánto tiempo lo tuvieron?

—Creo que un día.

—¿Cuántos eran? ¿Eran amigos todos?
—Ocho, de los cuáles yo conozco sólo a tres.
—¿Los tres estaban en la casa?
—Sí, están detenidos.
—¿Hasta dónde te consideras culpable?
—Sí, soy culpable de haber estado presente y de que, cuando me di cuenta de que había algo raro, no dije nada. No dije nada porque eran mis amigos. Los quería mucho. En ningún momento habíamos vivido cosas de este tipo.
—De no estar aquí, ¿seguirías en el secuestro?
—Del secuestro yo no sabía nada. Lo juro.
—Entonces, ¿estás aquí por tonta?
—Sí, por mensa. La verdad, sí.
—Ahora, ¿cómo transcurre tu vida?
—Tiene altibajos. El encierro está cañón. Hay que seguir las normas. Tienes una rutina, pero de repente la rutina cambia, y lo que está permitido, de repente ya no.
—Por ejemplo...
—Aquí hay dos tipos de poblaciones: las de Diagnóstico, que tienen *jumper* gris, y las de Tratamiento, con *jumper* rojo. No pueden conversar unas con otras. Pero hay muchachas que andan de noviecitas, que pertenecen a una u otra poblaciones y platican entre sí. A veces se gritan. Cuando lo hacen nos cancelan las salidas al patio.

—¿Eres enamorada?
—Sí, pero de niños. Las niñas no me gustan.
Nadia me pregunta:
—¿Usted escribió *La Reina del Pacífico*?
Me limito a hacer una leve inclinación de cabeza.
—Yo también escribo.
—¿De veras?
—Escribo mi historia.

Nadia, sin moverse aún de su asiento, me propone un intercambio: me entregara la historia de su vida si yo le regalo la saga de *La Reina del Pacífico*. Percibo en la interna un rayo de juventud.

Reyna Lizeth

Reyna Lizeth refleja una personalidad amarga. Sus ojos pequeños, de avellana, miran con dureza y sus labios no sonríen. Es delgada, rectilínea y casi siempre está ausente de su propio cuerpo. Nos sentamos a conversar.

No requiero mayor perspicacia para presentir un diálogo que será duro y discreto como la herida sin huella y con sangre de una hoja Gillette. La miro; ella me mira sin mirarme.

—¿Por qué estás aquí?
—Por robo a mano armada.
—¿Querrías relatarme los hechos?

—Yo vivo en la calle. Duermo en banquetas o donde me agarre la noche. Tengo VIH. Robo para sobrevivir. Ese día asaltamos a un chavo, le quitamos su celular y su dinero. Le apuntamos con la pistola y lo amenazamos. Enseguida él corrió y fue por la policía. Llegaron varias patrullas y nos subieron a los vehículos a tres chavos y a mí.

—¿Cómo era tu vida en la calle?

—Desde muy pequeña me salí de mi casa. Hui desde los 10 años porque mi mamá era alcohólica y drogadicta. Me maltrataba y me pegaba mucho. No me mandaba a la escuela. Un día se fue de la casa y ya no regresó. Me quedé con mi abuela. Pero por salir a buscar a mi mamá pues me quedé a vivir en la calle.

"Empecé a drogarme. Ya no le vi sentido a la vida. Después, no tiene mucho tiempo, me enteré de que tenía VIH y me empezó a valer un comino la vida. Creí que ya no tenía sentido, que ya estando enferma, ya no me importaba. Para sobrevivir en la calle, pues uno hace de todo: robar, prostituirse. Muchas cosas."

—¿Qué cosas?

—Fumaba piedra. Me prostituí varias veces, lo acepto. Llegué a asaltar a vendedores ambulantes y a drogarlos para quitarles su dinero.

—¿Dónde dormías?

—Vivo en Tepito. Me quedo a dormir ahí en Tepito, en una fuente que está saliendo del metro Tepito. Pasas el Eje 1 y ahí está un parquecito y la fuente.

—¿Con quiénes te quedabas?

—Con varios chavos que viven conmigo en la calle.

—¿Sabes algo de ellos?

—Dos están detenidos conmigo.

—Y los demás, ¿te buscan?

—No los dejan entrar. Y por pelear junto a ellos contra otros chavos de la calle, perdí a un hijo. Por pelearme, por peleas callejeras, perdí a un bebé.

—¿Cómo perdiste a tu bebé?

—Estaba embarazada. Tenía dos meses. Me peleé con dos chavas, que me agarraron a patadas. Por eso perdí a mi bebé.

—Después de todo lo que has vivido, ¿prefieres vivir aquí o en la calle?

—Prefiero tener una cama para dormir a una banqueta fría, sin qué taparme y que además llueva. No me gusta quedarme despierta por miedo a que me piquen. A mi novio lo picaron por mi culpa. Le dieron un piquete en la costilla. El piquete iba para mí, pero él se puso en medio. Muchas veces, por el miedo de que te lleguen a violar, pues te quedas despierta toda la noche. No puedes dormir.

—¿Te asusta la calle?

—No, ya no me asusta. Ya he vivido tantas cosas que ya he tomado la violencia como parte de mí, para protegerme. Ya no me da miedo pelearme, ya no me da miedo que me violen, ya no me da miedo picar a la gente o soltarle un plomazo o lo que sea. Ya no me da miedo robar.

—¿Cuentas las veces que te han violado?

—Tres veces. En la colonia Morelos y en la colonia Guerrero.

—Recuerdas, sin duda...

—La primera vez, iba caminando por una calle para comprar activo, en la colonia Guerrero, por Violeta. El señor que vende piedra y activo me agarró y me metió a su cuarto. Me violó. Después me dejó tirada en la calle, llorando. Después me levanté tranquila y seguí caminado. La segunda vez que me violaron fue en la Lagunilla. Y la tercera, en la Morelos, donde hay muchos callejeros y mucha violencia en la calle. Por todo y por nada te andan picando y balaceando. Te golpean sin deberla ni temerla.

Me detengo en el rostro de Reyna. Le miro las heridas y las perforaciones. Una, a algunos milímetros de su ojo izquierdo. No necesito preguntarle por sus cicatrices. Ella me entiende. Hemos llegado a un diálogo intenso.

—¿Por qué te hiciste tantas perforaciones en la cara?

—Tengo muchas, no sólo en el pómulo, sino también en la lengua, en el clítoris y en el ombligo. La del clítoris me la puse porque me violaron.

—¿Te anima pertenecer aquí?

—Me anima estar aquí con varias compañeras, por lo mismo que no tengo familia. Ya adopté a todas las chavas que llegan aquí como mi familia, como mis hermanas, como mis amigas, como mis primas. Ellas son las que me animan día a día a sobrevivir en este encierro.

—¿Sabes quién te infectó el VIH?

—No, por lo mismo que me prostituía, no supe quién me infectó.

—¿Te prostituías en Tepito?

—No, en Reforma. La primera vez tenía 13 años.

—¿Cuántos años tienes ahora?

—Quince.

Reyna se pone de pie y le doy un beso para despedirme. Ella responde, distraída. La mirada de sus ojos rasgados está en otro lado. Camina de frente, las piernas apenas separadas, como si le dolieran. Va directamente hacia la directora y la abraza. El tiempo se detiene para todos. Al cabo de dos, tres minutos, una custodia ha de separar a la interna y devolverla a su sitio, entre las delincuentes.

***

Me despido de Hazael Ruiz:

—Usted me ha hecho un daño inmenso —le digo.

—¿Por qué?

—Ha permitido que vea un dolor que nadie quiere ver, del que no se habla —me exijo una explicación inútil—. El país está en hambre cero mientras la tragedia cunde entre los menores delincuentes. Ya son millones, doctor.

Niños en el crimen, de Julio Scherer García
se terminó de imprimir en octubre de 2013
en Quad/Graphics Querétaro, S. A. de C. V.,
Fracc. Agro Industrial La Cruz El Marqués
Querétaro, México.